Treffpunkt

Deutsch als Zweitsprache für Alltag und Beruf

Übungsbuch A2.1

Kateřina Chrástová
Friederike Jin
Martina Schäfer
Matthias Scheliga

Dieses Buch als E-Book nutzen:
Use this book as an e-book:
mein.cornelsen.de
42cn-8t-edd2

Cornelsen

Herzlich willkommen bei *Treffpunkt*

Das Übungsbuch

Die **Übungsbuch-Kapitel** bieten viele abwechslungsreiche Übungen, in denen der relevante Wortschatz, wichtige Redemittel und Strukturen geübt und wiederholt sowie alle Sprachfertigkeiten trainiert werden.
Die Kapitel schließen jeweils mit einem Schreibtraining und einem Wiederholungstest zur Selbstevaluation ab. In der PagePlayer-App stehen den Lernenden weitere interaktive Übungen zur Verfügung.
Nach jeweils zwei Kapiteln folgen zwei Seiten **Wichtige Wörter** mit spielerischen Wortschatzübungen und zwei Seiten **Prüfungstraining** mit kleinschrittigen Aufgaben, hilfreichen Prüfungsstrategien und Modellaufgaben der Prüfung *Deutsch-Test für Zuwanderer*. Auf den zwei Seiten **Training** werden die Fertigkeiten Hören, Lesen, Sprechen und Schreiben noch einmal ausführlich geübt.

Blick ins Buch

Diktate

1.26 **2.6 Diktat. Hören Sie. Schreiben Sie. Sie hören den Dialog zweimal.**

Hallo, Ahmad, die Umzugskisten stehen jetzt ______ (1) Haus. Wohin kommt der Spiegel?
Kommt er ______ (2) Wohnzimmer?

Nein, ______ (3) Wohnzimmer hängt schon ein Spiegel. Dieser kommt ______ (4) Bad.
______ (5) Tür ist noch Platz.

Wichtige Wörter mit spielerischen Wortschatzübungen

1.4 Welche Dinge gibt es im Kursraum? Arbeiten Sie zu viert. Sprechen Sie wie im Beispiel.

Das Ding ist grün und aus Holz.
Der grüne Stuhl?
Ja!

Wiederholungsübungen (mit interaktiven Übungen)

Wiederholung: lokale Präpositionen. Was passt? Ergänzen Sie.

~~an~~ • auf • hinter • neben • in • über • unter • vor • zwischen

1 ______ 2 *an* 3 ______ 4 ______ 5 ______ 6 ______

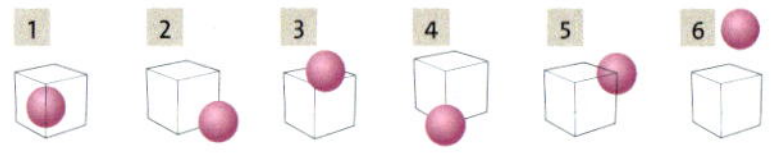

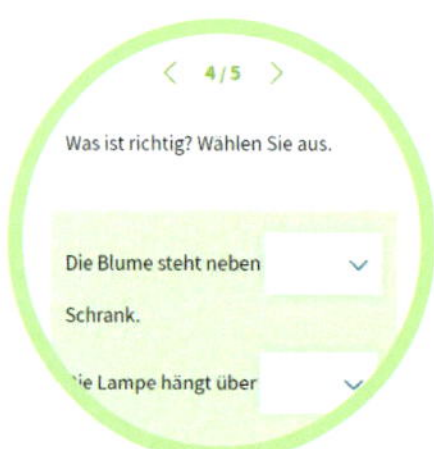

Prüfungstraining mit Modellaufgaben

Und jetzt wie in der Prüfung!

2.12 **1.6 Was ist richtig? Hören Sie. Kreuzen Sie an.**

	richtig	falsch
1. Abed und Daya heiraten.	☐	☐

2. Was wollen ihre Freunde schenken?
a ☐ Geld.
b ☐ Einen Tisch.
c ☐ Ein Sofa.

Fertigkeitstraining

1 Mein Name ist ...

1.1 Wer sind Sie? Wie sagen Sie es? Schreiben Sie zu jedem Punkt einen Satz.

Name? Ich heiße ... / Mein Name ist ...
Alter? Ich bin ... Jahre alt. / Ich bin ... geboren.
Land? Ich komme aus ... / Ich bin in ... geboren.

1.2 Nehmen Sie Ihre Sätze aus 1.1 auf. Hören Sie. Was war gut? Was war noch nicht so gut?
1.3 Arbeiten Sie zu zweit. Stellen Sie sich vor.

Rechtschreib- und Schreibtraining

1.1 Welche Wörter sind hier? Lesen Sie. Markieren Sie.
sie|wollenbrückenundgebäudebauen?siekönnengutrechnenundgenauzeichnen?sie erledigenihreaufgabenselbstständig?dannmachensieeineausbildungzumbauzeichner.

1.2 Was schreibt man groß? Schreiben Sie. *Sie wollen ...*

2 Was können Sie gut? Was machen Sie gern?
Welcher Beruf passt zu Ihnen? Warum? Schreiben Sie.

Bauzeichner/-in • Lokführer/-in • Erzieher/-in • Krankenpfleger/-in • Gärtner/-in • Schreiner/-in • Koch/Köchin • Fotograf/-in • Mechatroniker/-in ...

genau arbeiten • kreativ/mobil sein • im Team / alleine arbeiten • draußen arbeiten • mit Menschen / mit den Händen arbeiten ...

Der Beruf Erzieher passt zu mir, denn ich bin ...

Übungen im Prüfungsformat

1.09 **3.2 Prüfung: Hören. Hören Sie. Kreuzen Sie an.**

	richtig	falsch
1. Sven Rot sucht einen/eine Verkäufer/-in in Teilzeit.	☐	☐

2. Was ist für die Stelle wichtig?
a ☐ Anton Pawlovic braucht eine Ausbildung.
b ☐ Er muss den Führerschein machen.
c ☐ Er muss ein Gesundheitszeugnis beantragen.

Wiederholungstests mit interaktiven Übungen

1 Wortschatz

Was passt? Ergänzen Sie. (5 Punkte)

1. Der Teppich liegt auf dem ______.
2. Das Bild hängt an der ______.
3. Der ______ hängt am Fenster.
4. Ich stecke den Brief in den ______.

___/5 Punkte

0–3 Punkte? Bitte noch üben!

Alle Symbole führen zu den Inhalten in der PagePlayer-App:

Hörtext
interaktive Übungen

Inhalt

1 Unser neuer Kurs

A Sagen wir *du* oder *Sie*?

das Wort, Wörter ______	Was ist gleich? Was ist anders?
die Erstsprache, Erstsprachen ______	Das ist bei mir/dir/Ihnen gleich/ähnlich/anders.
______	Wer schreibt?
die Aktivität, Aktivitäten ______	Kannst du / Können Sie schreiben?
______	Ja, ich kann schreiben.
ähnlich ______	Wie schreibt man ...?

1 Mein Name ist ...

1.1 Was passt? Ordnen Sie zu.

arbeitet • bin • Haben • heißen • ist (3x) • komme • kommen • lerne • liebt • machen • spreche • sprechen • suche • spiele • wohne

- Guten Tag, wie ______ (1) Sie?
- Mein Name ______ (2) Abe. Kenta Abe.
- Woher ______ (3) Sie, Herr Abe?
- Ich ______ (4) aus Japan, aber ich ______ (5) seit einem Jahr in Frankfurt.
- Was ______ (6) Sie in Frankfurt?
- Meine Frau ______ (7) hier in einer Bank. Ich ______ (8) Ingenieur von Beruf und ich ______ (9) jetzt Arbeit.
- Interessant! Welche Sprachen ______ (10) Sie?
- Japanisch ______ (11) meine Erstsprache. Englisch ______ (12) ich gut und jetzt ______ (13) ich Deutsch. Sprachenlernen ist mein Hobby.
- Toll! ______ (14) Sie noch andere Hobbys?
- Ja, ich ______ (15) auch gern mit meinem Sohn Tischtennis. Er ______ (16) acht Jahre alt und er ______ (17) Tischtennis!

1.2 **Wer sind Sie? Schreiben Sie zu jedem Punkt einen Satz.**

Name? Alter? Land? Wohnort? Familie? Sprachen? Beruf? Hobbys?

Ich heiße ...

1.3 **Prüfung: Sprechen. Stellen Sie sich vor. Nehmen Sie es mit Ihrem Smartphone auf. Ihre Sätze in 1.2 helfen.**

1.4 ***Du* oder *Sie*? Welche Frage passt? Ordnen Sie zu.**

1 

2 

3 

4 

a Was haben Sie beruflich schon gemacht?

b Wo wohnt ihr?

c Wo arbeitest du?

d Wohnen Sie schon lange hier?

2 Was ist gleich? Was ist anders?

2.1 **Schreiben Sie Fragen zum Thema *Aktivitäten*.**

Was ...?

Wo ...?

Wann ...?

Thema: **Aktivitäten**

Wie oft ...?

Wie lange ...?

Mit wem ...?

Was machst du gerne am Abend?

2.2 **Lesen Sie Ihre Fragen in 2.1 noch einmal. Sprechen Sie dann zu zweit wie im Beispiel.**

Was machst du gern am Abend?

Ich sehe am Abend gern einen Film oder ich treffe meine Freunde.

2.3 **Was macht Ihre Partnerin / Ihr Partner gern? Wann? Wo? Wie oft? Und wie ist das bei Ihnen: gleich, anders oder ähnlich? Schreiben Sie fünf Sätze.**

Anisha macht gern Sport. Das ist bei mir anders: Ich lese lieber ...

B Wie war der erste Tag?

genervt ____________________

aufgeregt ____________________

überrascht ____________________

neugierig ____________________

nervös ____________________

ängstlich ____________________

unsicher ____________________

froh ____________________

die Grammatik (*Sg.*) ____________________

begrüßen ____________________

die Schwiegermutter, -mütter ____________________

verpassen ____________________

1 Ich war neugierig und auch ein bisschen nervös.

1.1 Welche neun Wörter sind hier? Suchen Sie die Wörter. Schreiben Sie. Die Wortliste hilft.

übernervtgenergierigvösneulichaufglückgeregtfroh~~un~~ängst~~sicher~~lichrascht

unsicher ______ ______

______ ______ ______

______ ______ ______

1.2 Wie fühlen sich die Personen? Lesen Sie. Ergänzen Sie. Übung 1.1 hilft.

Ich habe einen guten Freund. Er heißt Max und lebt in München. Ich wohne aber in Hamburg. Ich sehe ihn nicht so oft, das finde ich schade. Aber gestern Morgen habe ich die Tür aufgemacht und – da war Max! Er hat mich einfach so besucht! Ich war total ______ und sehr glücklich! **Fabian, 27**

Morgen fahren wir mit der ganzen Familie von Mainz nach Paris. Dort wohnt meine Schwiegermutter. Wir besuchen sie zweimal im Jahr und bleiben dann eine Woche. Die Kinder lieben ihre Oma sehr. Sie sind so ______. Sie können gar nicht schlafen! Schon seit Tagen fragen sie: „Wann besuchen wir Oma? Wie lange müssen wir noch warten?“ Ich glaube, sie möchten am liebsten schon heute abfahren. **Abron, 32**

Vor zwei Wochen bin ich mit meiner Frau umgezogen. Leider haben wir unsere Nachbarn noch nicht kennengelernt. Eine Nachbarin hören wir aber regelmäßig. Sie übt Gitarre und singt. Ich finde, sie singt sehr gut. Vielleicht ist sie eine Sängerin? Wir möchten sie gern einmal treffen. Wir sind sehr ______. **Mino, 55**

1.3 Wie ist es richtig? Lesen Sie noch einmal. Korrigieren Sie.

1. Fabian hat Max in München besucht. ______
2. Max trifft Fabian regelmäßig. ______
3. Die Großmutter von Abron wohnt in Paris. ______
4. Die Familie fährt in einer Woche nach Paris. ______
5. Mino ist alleine umgezogen. ______
6. Mino findet, die Nachbarin singt zu laut. ______

2 Ich habe alles gut verstanden.

Wiederholung: Perfekt. Ergänzen Sie.

Anna ist 2017 nach Deutschland ______________ (*kommen*). (1) Sie hat lange auf die Aufenthaltserlaubnis ______________ (*warten*). (2) Dann hat sie eine Stelle als Lehrerin ______________ (*suchen*). (3) Sie hat viele Anzeigen im Internet ______________ (*lesen*) (4) und einige Schulen ______________ (*anrufen*). (5) 2019 hat sie eine Praktikumsstelle in einer Schule ______________ (*finden*). (6) Die Schule war in einem anderen Ort. Sie ist jeden Morgen sehr früh ______________ (*aufstehen*) (7) und ist immer eine Stunde mit dem Zug ______________ (*fahren*). (8) Der Weg war weit, aber sie hat die Arbeit mit den Kindern sehr gern ______________ (*machen*). (9)

Welche Verben bilden das Perfekt mit *sein*? Lesen Sie noch einmal. Markieren Sie.

2.1 Lesen Sie. Schreiben Sie Antworten.

Wie war Ihr erster Arbeitstag?

Aanjay Sukarno (44 Jahre, Verkäuferin) erzählt.

An meinem ersten Arbeitstag war ich sehr nervös. Ich bin schon um halb sechs aufgestanden und bin dann zur Arbeit gefahren. Ich bin viel zu früh angekommen und habe lange vor der Tür gewartet. Dann sind ein paar Kolleginnen und Kollegen gekommen und haben die Tür aufgemacht. Sie haben mich nicht begrüßt, denn sie haben mich noch nicht gekannt.

Die Chefin hat mich dann abgeholt und hat meine Aufgaben erklärt. Aber das war so viel! Ich habe viele Dinge gleich wieder vergessen und habe vieles nicht verstanden. Ich habe die Chefin gefragt: „Was bedeutet …? Wo finde ich …? Wie mache ich …?" Sie hat aber leider genervt geantwortet: „Das habe ich doch schon erklärt!" Das war sehr schwierig für mich.

Um 17 Uhr war ich fertig mit der Arbeit und bin direkt nach Hause gegangen. Ich war sehr müde und unsicher. Ich habe mich gefragt: Ist es vielleicht nicht der richtige Job für mich? Ein Freund hat mich dann aber am Abend besucht und hat Pizza mitgebracht. Das war nett. Ich habe ihm alles erzählt und er hat gesagt: „Kein Stress! Die Chefin hat am Anfang auch nicht alles gewusst!" Das hat mir sehr geholfen! Jetzt arbeite ich schon seit 12 Jahren dort und bin sehr glücklich in meinem Job. Und auch die Chefin ist sehr zufrieden mit mir!

1. Wie hat Aanjay sich am ersten Tag gefühlt? ______________
2. Wo hat sie gewartet? Warum? ______________
3. Warum hat Aanjay ihre Chefin viel gefragt? ______________
4. Wie hat die Chefin reagiert? ______________
5. Wie hat Aanjay sich am Abend gefühlt? ______________
6. Was hat geholfen? ______________

2.2 Markieren Sie die Partizipien in 2.1. Ergänzen Sie.

ge...t	warten	*gewartet*	fragen	______
	antworten	______	sagen	______
ge...en	kommen	______	gehen	______
	fahren	______	helfen	______
...ge...t	abholen	______		
...ge...en	aufstehen	______	ankommen	______
...t	begrüßen	______	besuchen	______
	erklären	______	erzählen	______
...en	vergessen	______	verstehen	______
!	kennen	______	wissen	______
	mitbringen	______		

1.02

2.3 Phonetik: Wortakzent. Was ist betont? Hören Sie. Markieren Sie.

1. abholen – abgeholt, ankommen – angekommen, mitbringen – mitgebracht
2. besuchen – besucht, erzählen – erzählt, verstehen – verstanden, verpassen – verpasst

2.4 Sagen Sie ein Verb. Sprechen Sie zu zweit wie im Beispiel.

- Aufräumen.
- Ich habe aufgeräumt. Erzählen.
- Ich habe erzählt. Wissen.
- Ich habe ...

2.5 Ergänzen Sie im Perfekt.

1. Letzte Woche ______ ich meine Freundin ______. (*besuchen*)
2. Als Kind ______ ich noch nicht viel ______. (*wissen*)
3. Die Lehrerin ______ alles sehr gut ______. (*erklären*)
4. Ich ______ die Grammatik leider nicht ______. (*verstehen*)
5. Entschuldigung, ich ______ Ihren Namen ______. (*vergessen*)
6. Der Polizist ______ mich freundlich ______. (*begrüßen*)
7. Ich ______ einen Käsekuchen ______. (*mitbringen*)

2.6 Was ist am ersten Kurstag passiert? Schreiben Sie fünf Sätze wie im Beispiel.

aufräumen • begrüßen • essen • erklären • erzählen • fahren • gehen • helfen • kommen • lesen • mitbringen • schreiben • sprechen • trinken • vergessen • verstehen

Unsere Lehrerin ist um 9 Uhr gekommen und hat uns freundlich begrüßt.

3 Das war mein erster Tag.

1.03

Diktat. Hören Sie. Schreiben Sie. Sie hören den Text zweimal.

Ich bin ______ (1) zur Sprachschule gefahren. Ich war ______ (2), denn ich habe gedacht, ______ (3). Zum Glück hatte der Bus aber ______ (4) und ich bin noch ______ (5) angekommen. Die Lehrerin hat mich ______ (6) und dann hat ______ (7) angefangen.

C Alle sind herzlich willkommen!

interkulturell ______

verschieden(e) ______

die Veranstaltung, Veranstaltungen ______

______

das Viertel, Viertel ______

der Rat (*Sg.*) ______

die Unterstützung (*Sg.*) ______

lösen: Probleme lösen ______

stark (sein) ______

das Nachbarschaftshaus, -häuser ______

______

die Nachbarschaft (*Pl. selten*) ______

______

alle ______

viele ______

einige ______

niemand ______

beraten ______

sauber ______

sauber machen ______

der Strom (*Sg.*) ______

offen (sein) ______

der Papierkorb, Papierkörbe ______

der Korb, Körbe ______

leer ______

auf|passen ______

1 Wir sind ein buntes Team.

1.1 Was passt? Ergänzen Sie. Die Wortliste hilft.

Ich heiße Sifan Akar und ich wohne in Berlin-Neukölln. In meinem ______ (1) gibt es ein ______ (2). Viele ______ (3) Menschen besuchen das Haus. Es gibt dort viele interkulturelle ______ (4). Man bekommt dort auch ______ (5) bei Problemen.

1.2 **Was passt? Ergänzen Sie. Die Wortliste hilft.**

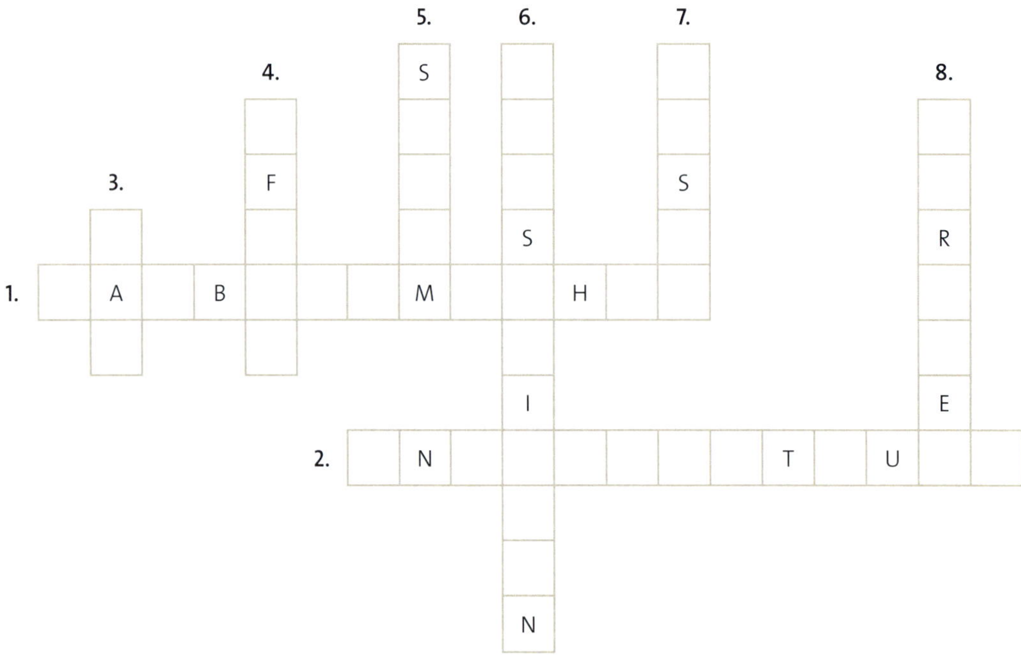

1. ein anderes Wort für „putzen“
2. ein anderes Wort für „Hilfe“
3. ein anderes Wort für „Tipp“
4. ein anderes Wort für „nicht geschlossen“
5. elektrische Geräte brauchen ...
6. ein anderes Wort für „nicht gleich“
7. Probleme muss man ...
8. ein anderes Wort für „Rat geben“

1.3 **Was passt: *alle, einige, niemand* oder *viele*? Schreiben Sie.**

1

2

3

4

1.4 **Was passt: *alle, viele, einige* oder *niemand*? Sehen Sie die Grafiken an. Lesen Sie. Ergänzen Sie im Text.**

Wie arbeiten Sie gerne im Deutschkurs?

Was machen Sie gerne im Unterricht?

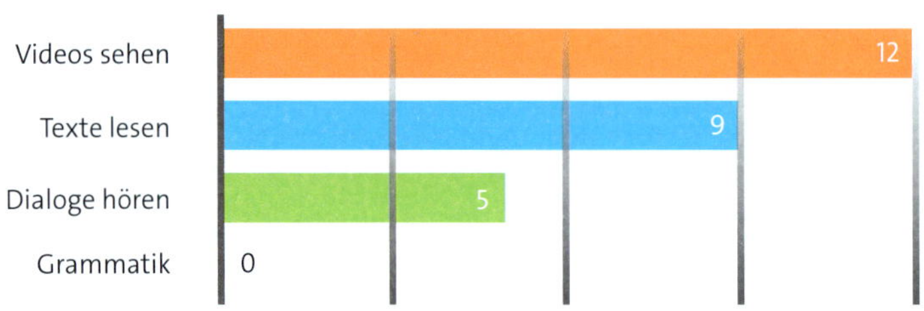

In unserem Deutschkurs sind zwölf Teilnehmer und Teilnehmerinnen. Wir sind alle verschieden und lernen auch nicht alle gleich. ____________ (1) arbeiten gerne in Gruppen, ____________ (2) arbeiten gerne zu zweit und ____________ (3) arbeiten lieber allein. ____________ (4) lesen gern Texte, ____________ (5) hören gern Dialoge, aber ____________ (6) macht gerne Grammatik-Übungen! ____________ (7) sehen am liebsten die Videos vom Nachbarschaftshaus. Das macht Spaß!

1.04 **1.5 Hamzas Geburtstag. Was ist richtig? Hören Sie. Markieren Sie.**

1. *Alle/Viele* sind zur Party gekommen.
2. *Viele/Einige* haben etwas geschenkt.
3. *Einige haben/Niemand hat* Wein getrunken.
4. *Alle/Einige* sind bis 21 Uhr geblieben.

2 Macht bitte immer das Licht aus!

2.1 Welche Regeln gibt es in der WG? Schreiben Sie wie im Bespiel.

~~Schuhe ausziehen~~ • nicht rauchen • nicht auf dem Balkon grillen • die Tür schließen • nicht zu laut Musik hören • nicht im Zimmer essen • nach dem Kochen die Küche sauber machen • regelmäßig die Toilette und das Bad putzen

Bitte zieht die Schuhe aus.

2.2 Und wie ist das bei Ihnen? Gibt es Regeln in Ihrer Wohnung / in Ihrem Haus? Schreiben Sie.

Bei uns muss man …

3 Unsere Regeln

Was darf man im Büro (nicht)? Und was muss man? Schreiben Sie wie im Beispiel.

morgens immer pünktlich sein • im Büro rauchen • am Computer essen • leise telefonieren • abends die Tische sauber machen • das Licht ausmachen • alle Türen schließen

Regeln im Büro:
- *Man muss morgens immer pünktlich sein.*
- *Man darf nicht im Büro rauchen.*
- …

1

Richtig schreiben

1 Bist du glücklich?

1.1 Welche zwölf Wörter auf *-lich* und *-ig* finden Sie? Markieren Sie.

n	a	s	ä	h	n	l	i	c	h	w	i	ä
e	n	f	r	g	l	ü	c	k	l	i	c	h
u	g	d	e	n	a	s	t	w	i	c	g	r
g	f	r	e	u	n	d	l	i	c	h	h	d
i	k	i	c	h	g	i	u	c	r	ö	e	n
e	r	c	t	a	w	n	s	h	o	f	s	ä
r	u	h	i	g	e	g	t	t	s	l	i	g
i	n	t	g	s	i	k	i	i	u	i	c	r
g	g	i	d	h	l	ö	g	g	e	c	h	e
ä	n	g	w	e	i	b	l	i	c	h	u	n
r	e	s	ä	n	g	s	t	l	i	c	h	d

1.2 *-lich* oder *-ig*? Ordnen Sie die Wörter aus 1.1.

Endung -lich	Endung -ig

1.3 Was passt: *-lich* oder *-ig*? Ergänzen Sie.

Das ist Baris mit seinen Kindern. Bei Baris zu Hause ist es nie langweil___ (1). Er ist glück___ (2) mit seiner Familie. Seine Kinder sind sehr lust___ (3). Sein Sohn ist sehr neugier___ (4), aber seine Tochter ist sehr ruh___ (5) und ein bisschen ängst___ (6). Sie ist erst vier Jahre alt.

2 Und Sie?

Wie sind Sie und Ihre Verwandten? Schreiben Sie fünf Sätze wie im Beispiel. Benutzen Sie die Adjektive.

aufgeregt • ängstlich • froh • genervt • glücklich • nervös • neugierig • überrascht • unsicher

Meine Schwester fährt nicht gerne Auto. Im Verkehr ist sie sehr ängstlich.

Alles klar?

1 Wortschatz

Welche Wörter sind hier? Bilden Sie Wörter. Ergänzen Sie. (5 Punkte)

cher • ge • gie • glück • lich • ner • nervt • neu • rig • si • un • vös

1. Morgen habe ich eine Deutschprüfung. Ich bin jetzt schon ____________.
2. Morgen fängt mein Deutschkurs an. Wie ist die Lehrerin? Ich bin ____________.
3. Ich muss alles alleine machen. Meine Kollegen helfen nicht. Ich bin ____________.
4. Lisa und Tom heiraten morgen. Sie sehen so ____________ aus.
5. Ist es so richtig? Ich weiß es nicht genau, ich bin ____________.

___ /5 Punkte

0–3 Punkte? Bitte noch üben!

2 Grammatik

Ergänzen Sie im Perfekt. (5 Punkte)

1. wissen	Das war neu für mich. Das habe ich nicht ____________.
2. begrüßen	Der Lehrer hat uns sehr nett ____________.
3. vergessen	Oh nein, ich habe mein Buch ____________.
4. verstehen	Kannst du das wiederholen? Ich habe es nicht ____________.
5. erklären	Das hast du gut ____________. Jetzt verstehe ich es.

___ /5 Punkte

0–3 Punkte? Bitte noch üben!

3 Kommunikation

Was passt? Ordnen Sie zu. (10 Punkte)

willkommen • Alle • Bitte • machen ... aus • nach dem Kurs •
nicht erlaubt • offen • sauber • räumen ... auf

Unsere Regeln:

________ Menschen sind im Nachbarschaftshaus ____________. (1)

Unser Café ist ________ für alle. (2)

________ rauchen Sie nicht. Rauchen ist im Nachbarschaftshaus ____________. (3)

Bitte ________ Sie den Kursraum ________ und machen Sie die Tische ________. (4)

Bitte ________ Sie ____________ die Computer und das Licht ________. (5)

___ /10 Punkte

0–6 Punkte? Bitte noch üben!

2 Arbeiten und lernen

A Das habe ich früher gemacht.

planen ______

das Material, Materialien ______

die Ordnung *(Sg.)* ______

sorgen (für): für Ordnung sorgen ______

______

das Gerät, Geräte ______

der Bauernhof, Bauernhöfe ______

______

der Kontakt, Kontakte ______

Kontakt haben (mit) ______

der Plan, Pläne ______

bauen ______

1 Das gefällt mir bei der Arbeit.

Was passt? Ordnen Sie zu.

Aufgaben • Ausbildung • Bauernhof • Dinge • Kontakt • Krankenhaus • Krankenpfleger • Material • Medikamente • Ordnung • Pläne • Praktikant

Ich bin ______ (1) von Beruf und arbeite in einem ______ (2) in Stuttgart.

Meine ______ (3):

Ich habe viel ______ (4) mit Patientinnen und Patienten, ich bringe das Essen und ich gebe ______ (5). In der Pflege muss man viel organisieren: Ich bestelle das ______ (6), z. B. Pflaster, und ich schreibe die ______ (7) für die Schichtarbeit.

Meine Berufserfahrung:

In Syrien habe ich auf einem ______ (8) gearbeitet und Käse gemacht. Vor acht Jahren bin ich nach Deutschland gekommen und war ein Jahr ______ (9) im Pflegeheim *Haus Lebenszeit*. Dort konnte ich dann auch die ______ (10) zum Krankenpfleger machen.

Das kann ich gut:

______ (11) reparieren, für ______ (12) sorgen, Judo

2 Valeska musste oft helfen.

Wiederholung: Modalverben. Was ist richtig? Markieren Sie.

1. Frau Müller, *dürfen/können* Sie bitte die Materialien bestellen?
2. Lea *kann/muss* gut Dinge reparieren.
3. Schreiner und Dachdecker *dürfen/müssen* mit den Händen arbeiten.
4. Herr Bracht, *müssen/können* Sie hier bitte für Ordnung sorgen?
5. *Darf/Will* ich das Programm für die Feier planen? Ich mache das gern.

2.1 Richtig oder falsch? Lesen Sie. Kreuzen Sie an.

Glück im Beruf finden – Valeska Nowak erzählt:

Meine Eltern wollten immer ein Geschäft haben. Seit 1989 gibt es ihr Geschäft *Kleidung für alle*. Meine Schwester und ich mussten früher oft im Geschäft helfen. Meine Schwester Ewa hat das gern gemacht, aber ich nicht. Ewa hatte schon immer gern Kontakt mit den Kunden und Kundinnen und konnte gut beraten. Sie hat eine Ausbildung zur Verkäuferin gemacht und arbeitet jetzt mit meinen Eltern zusammen im Geschäft. Aber ich war anders: Mein Berufswunsch war Schreinerin, denn ich arbeite gern mit den Händen. Aber das durfte ich nicht. Ich musste auch eine Ausbildung zur Verkäuferin machen. Das hat mir keinen Spaß gemacht. Das haben auch meine Eltern gesehen. Ich durfte dann mit der Ausbildung aufhören. Vor einem Jahr konnte ich ein Praktikum in einer Schreinerwerkstatt machen. Und jetzt lerne ich diesen Beruf wirklich! Im Sommer beginnt die Berufsschule. Ich bin so glücklich!

	richtig	falsch
1. Valeska wollte als Kind immer gern im Kleidungsgeschäft helfen.	☐	☐
2. Ihrer Schwester hat die Arbeit im Geschäft Spaß gemacht.	☐	☐
3. Valeska konnte gut Kunden beraten.	☐	☐
4. Sie musste die Ausbildung zur Verkäuferin fertig machen.	☐	☐
5. Valeska fängt bald die Ausbildung zur Schreinerin an.	☐	☐

2.2 Ergänzen Sie im Präteritum.

	können	müssen	dürfen	wollen
ich	______	______	______	______
du	konntest	musstest	______	wolltest
er/es/sie	______	musste	______	______
wir	______	______	______	wollten
ihr	konntet	______	durftet	______
sie/Sie	konnten	mussten	______	______

2.3 Ergänzen Sie im Präteritum.

1. Wir *durften* früher keine Süßigkeiten essen. (*dürfen*)
2. ______ du als Kind auf einem Bauernhof leben? (*wollen*)
3. Valeska ______ nach der Schule keine Ausbildung zur Schreinerin machen. (*dürfen*)
4. Wir ______ auch am Sonntag immer früh aufstehen. (*müssen*)
5. Herr Mustawi, ______ Sie gestern noch das Problem mit dem Computer lösen? (*können*)
6. ______ ihr früher oft Pizza essen? (*wollen*)
7. Lena und Helen ______ früher viel von ihrer Mutter lernen. (*können*)

2.4 Was passt: *müssen* oder *dürfen*? Ergänzen Sie im Präteritum.

1. Wir *durften* mit unserer Großmutter kochen. Das war toll.
2. ______ ihr abends Freunde treffen? Ich ______ schon um 8 Uhr zu Hause sein.
3. ______ du als Kind auch immer früh ins Bett gehen?
4. Unsere Kinder ______ auf dem Bauernhof helfen, das haben sie nicht gern gemacht.
5. Ich ______ zusammen mit meinem Vater einen Tisch bauen. Das war super!

2.5 Was passt: *müssen, wollen* oder *können*? Ergänzen Sie im Präteritum.

- Was *konntest* (1) du als Kind gut?
- Ich ______ (2) gut singen und tanzen. Meine Oma war Musiklehrerin und ich ______ (3) sie am liebsten jeden Tag besuchen und mit ihr Musik machen. Aber das ______ (4) ich leider nicht, ich hatte keine Zeit. Meine Eltern hatten ein Restaurant und sie hatten viel Arbeit. Meine Schwester und ich ______ (5) oft in der Küche helfen oder zu Hause für Ordnung sorgen. Das war nicht immer leicht.
- Das verstehe ich, aber ihr ______ (6) bestimmt viel von euren Eltern lernen.
- Stimmt! Mein Vater ______ (7) sehr gut kochen, das habe ich von ihm gelernt. Aber ich ______ (8) nie gern putzen und aufräumen.

1.05 **2.6 Phonetik: *o* und *u*. Welches Wort hören Sie? Kreuzen Sie an.**

1. ☐ groß	☐ Gruß	3. ☐ kochen	☐ Kuchen
2. ☐ Uhr	☐ Ohr	4. ☐ Zoo	☐ zu

1.06 **2.7 Hören Sie. Sprechen Sie nach.**

3 Ich musste früher ...

Schreiben Sie Antworten. Sprechen Sie zu zweit. Tauschen Sie dann die Rollen.

Welchen Berufswunsch hatten Sie als Kind?

____

Was durften Sie mit 16 Jahren noch nicht machen?

____

Was konnten Sie früher gut?

____

Was wollten Sie als Kind nicht gern machen?

____

B Welcher Beruf passt zu mir?

beantworten: Fragen beantworten ______________

die Maschine, Maschinen ______________

bedienen: eine Maschine bedienen ______________

zeichnen ______________

diskutieren: mit Kollegen diskutieren ______________

notieren ______________

rechnen ______________

die Ware, Waren ______________

die Brücke, Brücken ______________

das Gebäude, Gebäude ______________

der Fernverkehr *(Sg.)* ______________

der Regionalverkehr *(Sg.)* ______________

der Verkehr *(Sg.)* ______________

der Schulabschluss, -abschlüsse ______________

die Technik *(Sg.)* ______________

die Fremdsprachenkenntnisse *(Pl.)* ______________

die Fremdsprache, -sprachen ______________

die Kenntnisse *(Pl.)* ______________

mobil ______________

die Architektur *(Sg.)* ______________

genau: genau arbeiten ______________

die Mathematikkenntnisse *(Pl.)* ______________

die Mathematik (Mathe) *(Sg.)* ______________

die Fahrt, Fahrten ______________

der Fahrgast, Fahrgäste ______________

draußen ______________

kreativ ______________

Arbeitest du gern draußen / am Computer / ...?

Ich arbeite gern mit Menschen / im Team / ...

Der Beruf passt zu mir, denn ...

1 Ich möchte eine Ausbildung machen.

1.1 Was passt? Verbinden Sie.

1. Maschinen	a beantworten
2. Fragen	b diskutieren
3. Kundinnen und Kunden	c transportieren
4. mit Kolleginnen und Kollegen	d notieren
5. Informationen	e beraten
6. Brücken	f lernen
7. Waren	g bauen
8. Fremdsprachen	h bedienen

1.2 Was macht man in diesen Berufen? Sprechen Sie zu zweit wie im Beispiel. Übung 1.1 hilft.

Schreiner/-in • Lehrer/-in • Bauzeichner/-in • Ingenieur/-in • Arzt/Ärztin • Kaufmann/-frau • Lagerist/-in • ...

Ein Schreiner bedient ...

Maschinen. Eine Lehrerin ...

1.3 Was macht ein Schreiner? Ordnen Sie zu.

bauen • bedienen • beraten • Kontakt • Mathematikkenntnisse • Schreiner • Schulabschluss • rechnen • zeichnen

Ich bin Jerrard und ich mache eine Ausbildung zum ______. (1) Der Beruf passt zu mir, denn man kann kreativ sein, mit den Händen arbeiten und man hat ______ (2) mit Kunden. Man braucht einen ______ (3) und gute ______. (4) Früher konnte ich nicht so gut ______ (5), aber jetzt ist das kein Problem mehr. Ich lerne viele Dinge: Maschinen ______ (6), Möbel ______ (7) und ______ (8) und Kunden ______. (9)

1.4 Richtig oder falsch? Hören Sie. Kreuzen Sie an. Sie hören den Text zweimal. 1.07

	richtig	falsch
1. Antonia wollte schon immer Lokführerin sein.	☐	☐
2. Sie fährt nur Züge im Regionalverkehr.	☐	☐
3. Der Beruf passt gut zu ihr, denn sie findet Technik toll.	☐	☐
4. Antonia findet den Stress bei der Arbeit nicht schlimm.	☐	☐
5. Sie arbeitet gern im Schichtdienst.	☐	☐

2 Was macht ...?

2.1 Was passt? Ordnen Sie zu.

Fahrt • Fremdsprachenkenntnisse • Gebäude • genau • mobil • ruhig • Waren • Verkehr

1. Wir haben die ________________ bei der Firma bestellt, aber sie sind noch nicht angekommen.
2. Die ________________ von Frankfurt nach Berlin dauert mit dem Zug ungefähr vier Stunden.
3. Gibt es in diesem ________________ einen Aufzug?
4. ________________________________ sind wichtig. Ich spreche Arabisch, Englisch und Deutsch.
5. Wir müssen sehr ________________ arbeiten, denn wir dürfen keine Fehler machen.
6. Morgens ist immer viel ________________ auf den Straßen, denn alle fahren zur Arbeit.
7. Bei Stress muss man ________________ bleiben. Das ist wichtig.
8. Ich mache jetzt den Führerschein, denn ich möchte ________________ und flexibel sein.

2.2 Richtig oder falsch? Lesen Sie. Kreuzen Sie an.

Hallo, ich heiße Luis und ich möchte eine Ausbildung zum Kaufmann für Verkehrsservice machen. Der Beruf passt gut zu mir, denn ich habe gern Kontakt mit Menschen. In der Ausbildung arbeite ich im Zug: Als Zugbegleiter betreue ich auf der Fahrt die Fahrgäste und kontrolliere die Fahrkarten. Aber ich arbeite auch an der Information im Bahnhof. Hier berate ich Kundinnen und Kunden und ich verkaufe Fahrkarten. Ich habe in der Schule gern Fremdsprachen gelernt. Das hilft jetzt, denn ich muss mit den Kunden oft Englisch oder Spanisch sprechen. Als Kaufmann für Verkehrsservice verdiene ich später zwischen 2200 und 2400 Euro.

Ich bin Federica. Ich finde Architektur interessant. Nach der Schule habe ich eine Ausbildung zur Bauzeichnerin gemacht. Aber jetzt studiere ich, denn ich möchte später als Bauingenieurin arbeiten. Brücken und Häuser planen und bauen – das ist toll! Ich kann gut rechnen und sehr genau zeichnen, das ist wichtig für den Beruf. Die Arbeit mit Kolleginnen und Kollegen gefällt mir sehr, denn ich arbeite nicht gern allein. Als Bauingenieurin muss man mobil sein – heute ist man in Berlin, morgen in Dubai. Das finde ich toll. Das Gehalt ist auch gut. Ich kann später ungefähr 4500 Euro pro Monat verdienen.

	richtig	falsch
1. Luis arbeitet nur im Zug.	☐	☐
2. Fremdsprachen sind in seinem Beruf wichtig.	☐	☐
3. Er verdient in der Ausbildung 2000 Euro oder mehr.	☐	☐
4. Federica braucht einen Abschluss von der Universität.	☐	☐
5. Als Bauingenieurin arbeitet sie im Team.	☐	☐
6. Sie möchte nicht gern in unterschiedlichen Ländern arbeiten.	☐	☐

2.3 Und Sie? Was machen Sie beruflich oder was möchten Sie machen? Was ist für den Beruf wichtig? Schreiben Sie fünf Sätze.

Ich möchte als ... arbeiten. Man braucht einen Schulabschluss und gute ...kenntnisse.

3 Der Beruf passt zu dir.

1.08 **3.1 Diktat. Hören Sie. Schreiben Sie. Sie hören den Text zweimal.**

Hi, Elenis, du ________________ (1), richtig? Denkst du, der Beruf könnte auch ________________ (2)? Ich bin ________________ (3), aber ich finde ________ (4) interessant und ich habe schon viele ________________ (5). Ich kann nicht so gut ________________ (6) und ich möchte nicht ________________ (7) arbeiten. Bist du bei der Arbeit oft ________ (8)? Denn das finde ich toll!

3.2 Passt der Beruf zu Farhia? Schreiben Sie eine Antwort. *Liebe Farhia, ich finde, ...*

C Die Fortbildung ist interessant.

peinlich ________________

ärgerlich ________________

angenehm ________________

der Drucker, Drucker ________________

der Wasserkocher, Wasserkocher ________________

____

die Anlage, Anlagen ________________

elektrisch ________________

die Ermäßigung, Ermäßigungen ________________

____

erledigen: Aufgaben erledigen ________________

____

gefährlich ________________

der Inhalt, Inhalte ________________

der Schritt, Schritte ________________

die Sicherheit *(Pl. selten)* ________________

das Werkzeug, Werkzeuge ________________

die Dauer *(Sg.)* ________________

offiziell ________________

das Zertifikat, Zertifikate ________________

die Fortbildung, Fortbildungen ________________

____

der Imbiss, Imbisse ________________

das Gesundheitszeugnis, -zeugnisse ________________

____

die Gesundheit *(Sg.)* ________________

das Zeugnis, Zeugnisse ________________

notwendig ________________

die Bezahlung, Bezahlungen ________________

der Taxi-Schein, Taxi-Scheine ________________

Ist alles in Ordnung?

Ich habe ein Problem. Kannst du mir helfen?

Verstehst du etwas von ...?

Ja, ich kann dir helfen. / Nein, leider nicht.

Das macht nichts. Ich kann auch nicht alles.

1 Man kann alles lernen!

Was passt? Ordnen Sie zu.

Ich habe das nicht gelernt • Ich kann das • alles in Ordnung • das macht nichts • Verstehst du etwas von

- Hallo, Mati! Ist ______________________? (1)
- Ach, ich kann mein Fahrrad nicht reparieren. ______________________. (2) Das ist ärgerlich. ______________________ Fahrrädern? (3) Kannst du mir helfen?
- Ja, klar! ______________________, ich kann dir helfen. (4)
- Danke, Anna! Das ist ein bisschen peinlich, denn es war nicht so kompliziert.
- Ach, ______________________, ich kann auch nicht alles. (5)

2 Es gibt 150 Euro Ermäßigung.

2.1 Was passt? Lesen Sie. Ordnen Sie zu.

Dauer • Ermäßigung • Gerät • Schritte • Sicherheit • Wasserkocher • Werkzeuge

Kursangebot

Einfache Reparaturen zu Hause selbst erledigen!

Der ______________ (1) ist kaputt oder die Heizung funktioniert nicht? Kein Problem! In unserem Kurs bekommen Sie Tipps für Reparaturen zu Hause: Sie sind gar nicht kompliziert und kein bisschen gefährlich!

Unsere Inhalte: Wichtige ______________ (2) kennenlernen und diese richtig benutzen, ______________ (3) bei der Arbeit mit Strom oder elektrischen Geräten, erste ______________ (4) bei Reparaturen. Bringen Sie gern ein kaputtes ______________ (5) mit.

______________: (6) 8 Wochen, immer donnerstags von 18 bis 21 Uhr

Ort: Reparatur-Café, Langestr. 6 – 8

Kosten: 20 € (5 € ______________ (7) für Jugendliche), Bezahlung in bar oder mit Karte

Anmeldung: Online-Reservierung bis zum 26.8.

2.2 Richtig oder falsch? Lesen Sie noch einmal. Kreuzen Sie an.

	richtig	falsch
1. Im Kurs lernt man reparieren.	☐	☐
2. Der Kurs ist nur für Jugendliche.	☐	☐
3. Der Kurs dauert acht Wochen.	☐	☐
4. Jugendliche bezahlen 20 Euro.	☐	☐
5. Man muss sich telefonisch anmelden.	☐	☐

2.3 Welche Wörter auf *-ung* sind hier? Markieren Sie. Ergänzen Sie.

FORTBILDUNGRECHNUNGBESTELLUNGENTSCHULDIGUNGBERATUNG

1. Wir brauchen noch einen Drucker, kannst du die ________________ machen?
2. Ich möchte den Kopfhörer umtauschen, hier ist die ________________.
3. ________________, gibt es hier Toiletten?
4. Warst du schon am Informationsschalter? Die ________________ dort ist sehr gut.
5. Nach meiner ________________ bekomme ich ein offizielles Zertifikat.

3 Möchten Sie als Taxifahrer/-in oder mit Lebensmitteln arbeiten?

3.1 Welches Wort passt nicht? Markieren Sie wie im Beispiel.

1. der Imbiss – ~~die Sicherheit~~ – das Café
2. angenehm – wichtig – notwendig
3. das Zeugnis – die Bezahlung – das Zertifikat
4. der Taxi-Schein – der Führerschein – die Fahrkarte
5. erste Hilfe – die Gesundheit – die Notaufnahme
6. die Anlage – die Maschine – die Reparatur

1.09

3.2 Prüfung: Hören. Hören Sie. Kreuzen Sie an.

	richtig	falsch
1. Sven Rot sucht einen/eine Verkäufer/-in in Teilzeit.	☐	☐

2. Was ist für die Stelle wichtig?

a ☐ Anton Pawlovic braucht eine Ausbildung.
b ☐ Er muss den Führerschein machen.
c ☐ Er muss ein Gesundheitszeugnis beantragen.

Richtig schreiben

1 Ein Gebäude planen

1.1 Welche Wörter sind hier? Lesen Sie. Markieren Sie.

sie|wollenbrückenundgebäudebauen?siekönnengutrechnenundgenauzeichnen?sie erledigenihreaufgabenselbstständig?dannmachensieeineausbildungzumbauzeichner.

1.2 Was schreibt man groß? Schreiben Sie. *Sie wollen ...*

2 Was können Sie gut? Was machen Sie gern?

Welcher Beruf passt zu Ihnen? Warum? Schreiben Sie.

Bauzeichner/-in • Lokführer/-in • Erzieher/-in • Krankenpfleger/-in • Gärtner/-in • Schreiner/-in • Koch/Köchin • Fotograf/-in • Mechatroniker/-in ...

genau arbeiten • kreativ/mobil sein • im Team / alleine arbeiten • draußen arbeiten • mit Menschen / mit den Händen arbeiten ...

Der Beruf Erzieher passt zu mir, denn ich bin ...

Alles klar?

1 Wortschatz

1.1 Was passt? Ergänzen Sie. (2,5 Punkte)

1. Erwachsene zahlen 10 Euro, Jugendliche bekommen eine Er__________________.
2. Der Wasserkocher ist kaputt. Kannst du das G________________ reparieren?
3. Ich habe kein Auto. Ich bin nicht so m________________.
4. Als Taxifahrer braucht man einen Taxi-Schein, das ist n__________________.
5. Möchten Sie mehr lernen? Dann können Sie bei uns eine Fo__________________ machen.

1.2 Was passt nicht? Kreuzen Sie an. (2,5 Punkte)

1. Gebäude	☐ planen	☐ bauen	☐ erledigen
2. Kunden	☐ beraten	☐ beantworten	☐ betreuen
3. Maschinen	☐ rechnen	☐ reparieren	☐ bedienen
4. Fragen	☐ beantworten	☐ notieren	☐ transportieren
5. mit Kollegen	☐ sprechen	☐ beantworten	☐ diskutieren

___ /5 Punkte

0–3 Punkte? Bitte noch üben!

2 Grammatik

Was passt? Ergänzen Sie im Präteritum. (5 Punkte)

1. ● Wolltest (*wollen/können*) du schon immer in einer WG wohnen?
   ● Zuerst nicht, aber ich ______________ (*können/dürfen*) die Miete nicht allein bezahlen.
2. ● ______________ (*müssen/wollen*) ihr gestern Abend nicht ins Kino?
   ● Doch, aber wir ______________ (*müssen/dürfen*) noch ein paar Dinge erledigen.
3. ● ______________ (*müssen/dürfen*) du mit 16 Bier trinken?
   ● Ja, aber ich ______________ (*wollen/müssen*) das nie. Ich mag kein Bier.

___ /5 Punkte

0–3 Punkte? Bitte noch üben!

3 Kommunikation

1.10

Welche Reaktion passt? Hören Sie. Ordnen Sie zu. (10 Punkte)

1. ______ a Kein Problem. Ich kann das. Ich kann Ihnen helfen.
2. ______ b Ja klar, ich repariere oft elektrische Geräte. Zeig mal!
3. ______ c Ach, das macht nichts. Ich kann auch nicht alles.
4. ______ d Nein, tut mir leid, ich konnte schon als Kind nicht so gut rechnen.
5. ______ e Nein, mein Handy ist kaputt und ich kann es nicht reparieren.

___ /10 Punkte

0–6 Punkte? Bitte noch üben!

Wichtige Wörter

1

eine Person

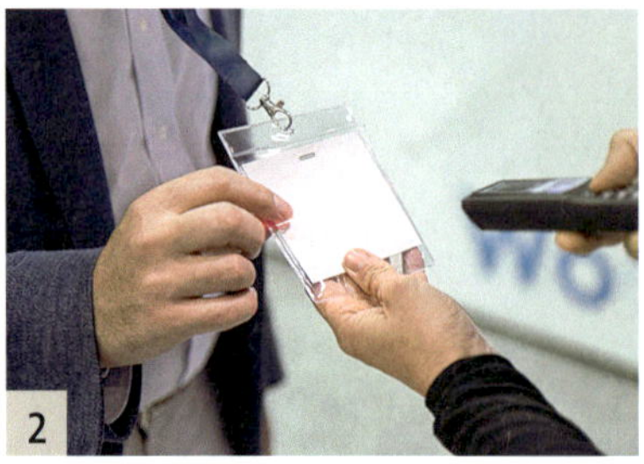
2

eine Veranstaltung

3

die Grammatik

4

ein Problem

5

ein Haus

6

Maschinen

7

Fragen

8

ein Bild

9

das Radio

1 Eine Maschine bedienen

1.1 Welches Verb passt? Sehen Sie die Fotos 1 bis 18 an. Ordnen Sie zu.

anbieten • anmachen • bauen • beantworten • bedienen • begrüßen •
bekommen • benutzen • besuchen • diskutieren • erklären • erledigen •
lösen • machen • notieren • sauber machen • vorbereiten • zeichnen

1.11 **1.2 Hören Sie. Kontrollieren Sie.**

1.3 Spielen Sie zu dritt. Würfeln Sie. Stellen Sie Ihre Figur auf das Foto. Bilden Sie einen Satz. Die anderen kontrollieren.

Richtig? Sie dürfen stehenbleiben.
Falsch? Gehen Sie zurück.

Unser Lehrer hat die Grammatik erklärt.

Richtig! Jetzt ich.

10

Termine

11

ein Zertifikat

12

Hausaufgaben

13

Hilfe

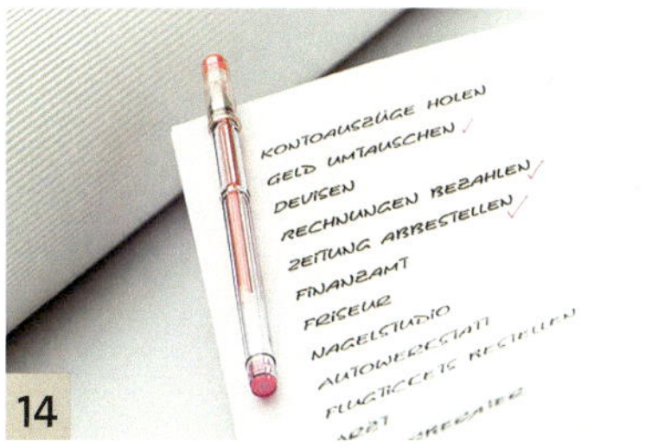

14

Dinge

15

laut

16

eine Party

17

einen Hammer

18

das Büro

2 Bei der Arbeit mit Kollegen diskutieren

Wählen Sie ein Verb: *diskutieren, vorbereiten, benutzen* oder *zeichnen*. Sprechen Sie in Gruppen. Schreiben Sie wie im Beispiel.

Man kann mit Kollegen diskutieren.

Ja, und man kann laut diskutieren oder freundlich diskutieren.

freundlich, laut, ...

mit Kollegen, mit der Familie, ...

diskutieren

im Sprachkurs, zu Hause, ...

Prüfungstraining

1 Sprechen Teil 1 (DTZ)

1.1 Wer sind Sie? Antworten Sie. Schreiben Sie ganze Sätze.

Name: ______

Geburtsort: ______

Wohnort: ______

Arbeit/Beruf: ______

Familie: ______

Sprachen: ______

1.2 Stellen Sie sich vor. Ihre Sätze aus 1.1 helfen.

1.3 Was können Sie noch sagen? Lesen Sie die Fragen. Machen Sie Notizen.

Name: Woher? Bedeutung?
Geburtsort: Wo genau? Wie groß?
Wohnort: Wie lange? Haus/Wohnung?
Arbeit/Beruf: Wo gelernt? Seit wann? Aufgaben?
Familie: Wie groß? Wohnort Eltern/...?
Sprachen: Wo gelernt? Seit wann?

1.12 **1.4 Was können Sie noch sagen? Hören Sie jetzt die Fragen. Antworten Sie.**

**1.5 Bereit? Lesen Sie die Tipps.
Machen Sie die Prüfungsaufgabe.**

Was können Sie zu den Punkten sagen?
Machen Sie Notizen oder schreiben Sie ganze Sätze.
Lernen Sie wichtige Satzanfänge auswendig.
Sagen Sie etwas zu jedem Punkt.
Was möchte man noch von Ihnen wissen? Reagieren Sie.

Und jetzt wie in der Prüfung!

1.13 **1.6 Stellen Sie sich vor. Hören Sie dann die Fragen. Antworten Sie.**

Name? *Arbeit/Beruf?*
Geburtsort? *Familie?*
Wohnort? *Sprachen?*

2 Lesen Teil 2 (DTZ)

2.1 Welche Informationen sind wichtig? Lesen Sie die Situationen. Markieren Sie.

1. ☐ Frau Wu ist neu in Hamburg. Sie möchte Leute kennenlernen.
2. ☐ Herr Borgmann möchte einen Italienischkurs machen.
3. ☐ Familie Meier braucht Unterstützung. Ihre Kinder haben Probleme in der Schule.

2.2 Welche Anzeige passt? Lesen Sie. Ordnen Sie in 2.1 zu. Für eine Situation gibt es keine Anzeige. Schreiben Sie dann den Buchstaben *x*.

a **Sie brauchen Rat?** Niemand kann allein alle Probleme lösen. Aber zusammen sind wir stark! Wir beraten Sie gern. Kommen Sie vorbei oder rufen Sie uns an. Familienberatung Hamburg +49 40 32519967

b **VHS St. Pauli: Veranstaltungsprogramm**
In der nächsten Woche beginnen die Sprachkurse: Mo. und Do. Deutsch, Di. und Fr. Englisch, Mi. Französisch. Buchen Sie online einen Kurs unter: sprachkurse.vhs@beispiel.de

c In unserem **Nachbarschaftshaus** können Sie viele verschiedene Menschen aus Hamburg und aus der ganzen Welt treffen. Kommen Sie zu uns in die Bergstraße 10, Hamburg-Hamm!

d **Kennenlernabend im Nachbarschaftshaus**
Wir suchen noch eine Musikerin / einen Musiker oder eine Musikanlage für unseren Abend am 15. Mai. Wer kann helfen? 01622081430

2.3 Bereit? Lesen Sie die Tipps. Lösen Sie die Prüfungsaufgabe.

Lesen Sie zuerst die Situationen: Was ist wichtig? Markieren Sie.
Lesen Sie dann die Anzeigen. Welche Situation passt? Ordnen Sie zu. Für eine Situation gibt es keine Anzeige.

Und jetzt wie in der Prüfung!

2.4 Welche Anzeige passt? Lesen Sie die Situationen. Ordnen Sie zu. Für eine Situation gibt es keine Anzeige. Schreiben Sie dann den Buchstaben *x*.

1. ☐ Franco Malwone sucht eine Arbeit als Dachdecker.
2. ☐ Thea Bogenhausen möchte als Erzieherin in einem Kindergarten arbeiten.
3. ☐ Ben Blascovic ist Schaffner und sucht eine Vollzeitstelle bei der Deutschen Bahn.
4. ☐ Adaja Levi möchte als Köchin in Vollzeit arbeiten.
5. ☐ Karina Sander möchte Bauzeichnerin werden und sucht einen Ausbildungsplatz.

a **Ausbildung zum Lokführer (m/w/d)**
Sie mögen Technik und Züge? Dann sind Sie bei Flixbahn richtig! Wenn Sie selbstständig arbeiten können, gerne Probleme lösen und kein Problem mit Stress haben, dann kommen Sie zum Tag der offenen Tür! Am 15. Juli, ab 11 Uhr.

b **Feste Stellen bei der Deutschen Bahn!**
Sie haben eine abgeschlossene Berufsausbildung als Kaufmann/-frau für Verkehrsservice? Sie sind freundlich und betreuen gern Fahrgäste? Wir suchen Mitarbeiter/-innen in Voll- und Teilzeit. Bewerbung unter: db-stellen@beispiel.de

c **Kindergarten *Farbenfroh* sucht Sie!**
Sie können gesund und lecker kochen?
Sie können mit Stress umgehen?
Sie lieben Kinder und arbeiten gerne im Team?
Wir suchen ab sofort eine Köchin oder einen Koch für unsere Kita (20 Stunden pro Woche).

d **Kita *Sonnenblume* bietet Vollzeitstellen**
Wir sind eine kleine Kita im Zentrum von Karlsruhe. Die Gruppen sind klein: zwischen 8 und 10 Kindern. Wenn Ihnen die Betreuung von Kindern Spaß macht, dann schicken Sie Ihre Bewerbung an Frau Schubert.
E-Mail: Kita_Sonnenblume@beispiel.de

e ***Willi Dachbau KG* sucht Sie!**
Haben Sie eine Ausbildung zum/zur Dachdecker/-in gemacht? Dann suchen wir Sie!
Wir bieten: gutes Gehalt und feste Arbeitszeiten.
Interessiert?
Dann schicken Sie uns Ihre Bewerbung.

f Machen Sie eine Ausbildung bei der Deutschen Bahn zum/zur **Bauzeichner/-in**! (m/w/d)
Sie haben gute Mathematikkenntnisse, können genau zeichnen und suchen einen Ausbildungsplatz? Dann schicken Sie Ihre Bewerbung an: db-stellen@beispiel.de

Training: Sprechen und Lesen

1 Mein Name ist ...

1.1 Wer sind Sie? Wie sagen Sie es? Schreiben Sie zu jedem Punkt einen Satz.

Name?	Ich heiße ... / Mein Name ist ...
Alter?	Ich bin ... Jahre alt. / Ich bin ... geboren.
Land?	Ich komme aus ... / Ich bin in ... geboren.
Wohnort?	Ich wohne in ... / Ich lebe seit ... Jahren in ...
Sprachen?	Ich spreche ... / Meine Erstsprache ist ..., aber ich spreche auch ...
Beruf?	Ich bin ... von Beruf. / Ich arbeite als ... / Ich arbeite jetzt nicht, aber ...
Hobbys?	Meine Hobbys sind ... / In meiner Freizeit ... ich gern. / Ich liebe ...

1.2 Nehmen Sie Ihre Sätze aus 1.1 auf. Hören Sie. Was war gut? Was war noch nicht so gut?

1.3 Arbeiten Sie zu zweit. Wer sind Sie? Stellen Sie sich vor.

1.4 Was möchten Sie noch von Ihrer Partnerin / Ihrem Partner wissen? Lesen Sie. Stellen Sie vier Fragen. Ihre Partnerin / Ihr Partner antwortet. Tauschen Sie dann die Rollen.

1	2	3	4
Freizeit?	Familie?	Wohnung?	Ausbildung?

1.5 Alles klar? Lesen Sie die Tipps. Machen Sie die Aufgaben 1.6 und 1.7.

Was können Sie zu den Punkten sagen? Machen Sie Notizen oder schreiben Sie ganze Sätze.
Lernen Sie wichtige Satzanfänge auswendig.
Sagen Sie etwas zu jedem Punkt.
Was möchte man noch von Ihnen wissen?
Reagieren Sie passend.

Und jetzt Sie!

1.14

1.6 Wer sind Sie? Stellen Sie sich vor. Hören Sie dann die Fragen. Antworten Sie.

Name?	*Sprachen?*
Alter?	*Beruf?*
Land?	*Hobbys?*
Wohnort?	

1.7 Arbeiten Sie zu zweit. Stellen Sie zu jedem Punkt eine Frage. Ihre Partnerin / Ihr Partner antwortet. Tauschen Sie dann die Rollen.

1	2	3	4
Eltern?	Deutschkurs?	Musik?	Geburtstag?

2 Thomasz Kargol möchte Leute kennenlernen.

2.1 Welche Informationen sind wichtig? Lesen Sie die Situationen. Markieren Sie.

1. ☐ Tomasz Kargol ist nach Freiburg gezogen. Er möchte Leute kennenlernen.
2. ☐ Luisa Sandhaus sucht in Freiburg einen Job als Deutschlehrerin.
3. ☐ Familie Meier sucht eine Kinderbetreuung in Freiburg.

2.2 Welche Anzeige passt? Lesen Sie. Ordnen Sie in 2.1 zu. Für eine Situation gibt es keine Anzeige. Schreiben Sie dann den Buchstaben *x*.

a **Sie finden keinen Kitaplatz?** Wir können Ihnen Kontakte zu Tagesmüttern und -vätern geben. Auch bei Fragen zur Erziehung bieten wir Hilfe an. In unserem Nachbarschaftshaus in Freiburg-Gartenstadt beraten wir Sie gerne.

b **Neu in der Nachbarschaft?** Wir sind ein internationales Team und organisieren regelmäßig Veranstaltungen und Feste. Schauen Sie in unser Veranstaltungsprogramm! Ihr Nachbarschaftshaus Freiburg-Gartenstadt

c **VHS Freiburg: neue Kurse!** Bei uns lernen Sie schnell und leicht die deutsche Sprache!
Intensivkurs A1: 9 bis 12 Uhr
Intensivkurs A2: 12 bis 15 Uhr
Abendkurse: 18 bis 19:30 Uhr

2.3 Alles klar? Lesen Sie die Tipps. Lösen Sie die Aufgabe 2.4.

Lesen Sie die Situationen genau: Was ist wichtig? Markieren Sie.
Lesen Sie dann die Anzeigen. Welche Situation passt?
Ordnen Sie zu. Für eine Situation gibt es keine Anzeige.

Und jetzt Sie!

2.4 Welche Anzeige passt? Lesen Sie. Ordnen Sie zu. Für eine Situation gibt es keine Anzeige. Schreiben Sie dann den Buchstaben *x*.

1. ☐ Rozmir Ilic möchte Koch werden und sucht einen Ausbildungsplatz.
2. ☐ Anita Bauer möchte ihren Geburtstag in einem Restaurant feiern.
3. ☐ Tom Shepard möchte an seinem Geburtstag ein Büfett anbieten.
4. ☐ Rian Thung sucht einen Teilzeitjob als Köchin.
5. ☐ Zane Botha ist Student und sucht einen Nebenjob am Wochenende.

a Wir suchen **Köche (m/w/d)** für unser Restaurant in der Kölner Altstadt. Die Arbeitszeiten sind von Dienstag bis Sonntag, 18 bis 23 Uhr, 20 Std./Woche. Interesse? Melden Sie sich: 0221 84 65 95 10 (Herr Müller).

b **Das Team von *Rawa* braucht Unterstützung!** Du liebst Essen und kochst gern? Arbeitest du gern im Team? Stress ist kein Problem? Dann mach eine Ausbildung zum Koch (m/w/d) bei uns! Bewerbung an: rawa@beispiel.de

c **Restaurant *Aleppo* sucht Kellner/-innen** Sie arbeiten jeden Samstag von 17 bis 23 Uhr. Sie verdienen circa 500 Euro pro Monat. Rufen Sie uns an unter: 089 215 868 00

d Ein Freund oder eine Freundin hat Geburtstag und Sie haben noch kein Geschenk? Schenken Sie **einen Kochkurs**! Die nächsten Kurstermine sind am 24. und 25. September von 16 bis 22 Uhr.

e **Hochzeit oder private Feier?** Unsere Köchinnen und Köche kochen gerne für Sie! Wir bieten internationale Gerichte und gute Weine. Preis: € 35 pro Person (max. 150 Personen). Rufen Sie uns an! *Partyservice Fix*

f ***Café Engels* sucht nette Kolleginnen und Kollegen** für vier Tage pro Woche (Di.–Fr. von 10–14 Uhr). Interessiert? Dann vereinbaren Sie einen Termin bei Frau Schenk: 0162 20 90 503.

3 In der Freizeit

A Ich mache Sport im Verein.

bloggen ________________

basteln ________________

shoppen ________________

aus|gehen ________________

stressig ________________

sammeln ________________

entspannen ________________

chatten ________________

das Konzert, Konzerte ________________

statt|finden ________________

aktiv ________________

(sich) melden: Melden Sie sich! ________________

ganz: aus der ganzen Welt ________________

die Welt, Welten ________________

der Mitgliedsbeitrag, Mitgliedsbeiträge ________________

____

das Mitglied, Mitglieder ________________

der Beitrag, Beiträge ________________

die Spende, Spenden ________________

waschen ________________

1 Das ist für mich keine Freizeit.

Was passt? Bilden Sie Verben. Ordnen Sie zu.

bas • ge • chat • blog • pen • Shop • ten • teln

1. Ich brauche eine Hose und war schon in drei Läden: ________________ ist stressig!
2. Ich koche sehr gerne und ________________ meine Rezepte auch online.
3. Meine Kinder sind kreativ. Sie ________________ gern.
4. Mein Freund wohnt weit weg, aber wir telefonieren oder ________________ oft.

2 Was machen Sie in Ihrer Freizeit?

1.15

2.1 Diktat. Hören Sie. Schreiben Sie. Sie hören den Text zweimal.

Hi, mein Name ist Kristina. Ich bin ________________ (1) von Beruf und habe oft ________________ (2). Ich habe ________________ (3) also Zeit für mich. ________________ (4) mache ich gerne Sport. ________________ (5) gibt es ein Schwimmbad. Da schwimme ich ________________ (6). So bleibe ich ________________ (7). Meine Arbeit ist manchmal sehr ________________ (8), aber nach dem Sport kann ich ________________ (9)!

2.2 Was machen Sie (nicht) gern in Ihrer Freizeit? Warum? Schreiben Sie fünf Sätze.

basteln • chatten • lesen • einkaufen • fernsehen • Freunde treffen • kochen • ausgehen • die Küche putzen • Musik hören • shoppen • Sport machen • die Wohnung aufräumen • Kleidung waschen

In meiner Freizeit sehe ich nicht so gern fern. Das finde ich langweilig.

3 Was kostet der Verein?

1.16 **3.1 In welchem Verein möchte Kamilla Mitglied werden? Hören Sie. Kreuzen Sie an.**

a ☐ Im Gartenverein.

b ☐ Im Sportverein.

c ☐ Im Musikverein.

1.17 **3.2 Was ist richtig? Hören Sie weiter. Kreuzen Sie an.**

	richtig	falsch
1. Leute aus der ganzen Welt sind Mitglied im Verein.	☐	☐
2. Das Training findet einmal pro Woche statt.	☐	☐
3. Erwachsene zahlen 16 Euro Mitgliedsbeitrag.	☐	☐
4. Kamilla muss sich online für den Verein anmelden.	☐	☐
5. Am Samstag findet eine Veranstaltung statt.	☐	☐
6. Der Eintritt ist frei, aber Spenden sind willkommen.	☐	☐

3.3 Sind Sie Mitglied in einem Verein? In welchem? Warum (nicht)? Schreiben Sie.

Ja, ich bin Mitglied in einem ...verein, denn ...

B Warum gehen Sie ins Nachbarschaftshaus?

malen ____________________

der/die Anfänger/-in, Anfänger/-innen ____________________

____

der Brief, Briefe ____________________

die Kultur, Kulturen ____________________

die Spezialität, Spezialitäten ____________________

der Flohmarkt, Flohmärkte ____________________

vor|schlagen ____________________

der Vorschlag, Vorschläge ____________________

Ich habe einen Vorschlag / eine Idee.

Vielleicht ist das interessant für Sie/dich?

Darf ich etwas vorschlagen?

Wollen wir das machen? Was denkt ihr?

Ja, das klingt gut. / Das ist eine gute Idee!

Das mache ich bestimmt.

Vielleicht ein anderes Mal?

Ach nein, ich habe keine Lust.

Ich möchte lieber ...

1 Der Deutsch-Pakistanische Verein hat viele Angebote.

1.1 Was passt? Ordnen Sie zu.

Anfänger/-innen • Flohmarkt • Informationsabend • Kultur • Konzert • Spezialitäten

DEUTSCH-PAKISTANISCHER VEREIN e.V.

Samstag, 18. Juni

- Finden Sie die Sprache Urdu interessant und möchten Sie erste Wörter lernen? Besuchen Sie unseren Sprachtreff für ______________________ (1) – jeden Samstag von 13 bis 14 Uhr.
- Möchten Sie die pakistanische Küche kennenlernen? Wir kochen gemeinsam pakistanische ______________________ (2). Beginn: 16 Uhr.
- Möchten Sie die traditionelle pakistanische ______________ (3) kennenlernen? Kommen Sie dann zum ______________________ über Pakistan (4).
  Beginn: 19 Uhr. Anmeldung bis zum 15.6.!

Sonntag, 19. Juni

- Jeden zweiten Sonntag gibt es einen ______________________ (5).
  Beginn: 10 Uhr. Gebühr für Verkäufer/-innen: 10 €
- Lust auf pakistanische Musik? Gehen Sie ins ______________________ (6) vom deutsch-pakistanischen Sänger Bashir Nawaz! Beginn: 20 Uhr, Tickets: 20 €

1.2 Was ist richtig? Lesen Sie noch einmal in 1.1. Kreuzen Sie an.

1. ☐ Der Verein bietet einen Deutschkurs an.
2. ☐ Am Samstagnachmittag kann man pakistanische Gerichte kennenlernen.
3. ☐ Der Informationsabend findet am 15. Juni statt.
4. ☐ Man zahlt für den Flohmarkt 10 Euro Eintritt.
5. ☐ Am Sonntagabend kann man pakistanische Lieder hören.

2 Warum? Weil ...

Wiederholung: *denn*. Warum? Schreiben Sie.

1. Ich laufe zweimal pro Woche, denn ______________________ *(fit sein wollen)*
2. Ich backe heute einen Kuchen, denn ______________________ *(Geburtstag haben)*
3. Ich habe heute keine Zeit, denn ______________________ *(lernen müssen)*
4. Ich besuche einen Malkurs, denn ______________________ *(gern malen)*
5. Ich gehe gern zum Flohmarkt, denn ______________________ *(alte Bücher sammeln)*

2.1 Warum? Lesen Sie die Fragen. Markieren Sie die Antworten im Text.

Ich bin Lina und ich bin Mitglied im Deutsch-Pakistanischen Verein, weil ich die pakistanische Kultur kennenlernen möchte. Ich besuche dort regelmäßig die Sprachtreffs. Ich lerne Urdu, weil mein Freund aus Pakistan kommt. Die Sprache ist schön, aber wirklich schwer! Am Sonntag gehen wir zusammen ins Konzert von Bashir Nawaz. Ich liebe seine Musik, weil die Texte so schön sind!

1. Warum ist Lina Mitglied im Deutsch-Pakistanischen Verein?
2. Warum lernt Lina Urdu?
3. Warum mag Lina die Musik von Bashir Nawaz?

2.2 Warum? Ergänzen Sie.

	weil		Satzende
1. *Lina ist Mitglied,*	*weil*	______	______
2. *Lina lernt Urdu,*	______	______	______
3. *Lina mag die Musik,*	______	______	______

2.3 Warum? Verbinden Sie mit *weil*. Schreiben Sie wie im Beispiel.

1. Massud fährt zu seiner Schwester. Sie hat heute Geburtstag.

   Massud fährt zu seiner Schwester, weil sie heute Geburtstag hat.
2. Saira bleibt im Bett. Sie hat Fieber und Kopfschmerzen.

   ______
3. Amir räumt auf. Seine Freunde besuchen ihn heute.

   ______
4. Ayla geht heute nicht aus. Sie will lieber zu Hause malen.

   ______
5. Milad geht zur Apotheke. Er möchte seine Medikamente abholen.

   ______

2.4 Warum? Schreiben Sie Sätze mit *weil*.

1. Ich shoppe (nicht) oft, ______
2. Ich sehe (nicht) gern fern, ______
3. Ich schreibe (nicht) oft Briefe, ______
4. Ich fahre (nicht) gern Auto, ______
5. Ich mache (nicht) oft Sport, ______

2.5 Warum? Schreiben Sie Sätze mit *weil*.

1. Warum lernen Sie Deutsch? ______

2. Gehen Sie oft aus? Warum (nicht)? ______

______

3. Was möchten Sie heute noch machen? Warum? ______

______

3 Ja, das klingt gut.

3.1 Was passt? Ordnen Sie zu.

das ist auch eine gute Idee • das klingt gut • Ich habe einen anderen Vorschlag • Ich habe eine Idee • ich habe keine Lust • was denkst du

Maya 10:51 Hallo, Luna, hallo, Libor! ______: (1)
Wollen wir an der VHS einen Yogakurs machen? Wir drei zusammen?

Libor 11:09 Ja, ______! (2) Sehr gern!

Luna 11:15 Yoga?! Ach nein, ______ (3). Ich mag Yoga wirklich nicht! ______ (4): Wir könnten zusammen einen Tanzkurs machen. Zum Beispiel *Salsa für Anfänger/-innen* ?

Maya 11:18 Ja, ______! (5) Ich liebe Tanzen!
Libor, ______? (6)

Libor 11:20 Ja, super! Das machen wir!

3.2 Schreiben Sie Antworten. Sprechen Sie zu zweit. Tauschen Sie dann die Rollen.

- Adil hat Geburtstag. Wollen wir zusammen ein Geschenk für ihn kaufen?
- Ja, ______
- Er liest gerne. Wir könnten ein Buch für ihn kaufen. Was denkst du?
- Ach nein, ______
- Was schlägst du vor?
- ______
- Das ist eine gute Idee! Das machen wir!

3.3 Prüfung: Sprechen. Adil hat Geburtstag. Sie sollen die Party organisieren. Was machen Sie? Sprechen Sie zu zweit. Die Notizen helfen.

Wo? *Wer macht was?*
Essen / Getränke? *Wer bringt was mit?*
Programm? *Wer zahlt?*
Was brauchen Sie?

Wo wollen wir feiern?

Das Wetter ist schön. Wir können im Park feiern. Was denkst du?

C Ich hätte gern das Hähnchen.

die Gabel, Gabeln ______
der Löffel, Löffel ______
das Messer, Messer ______
der Teller, Teller ______
die Serviette, Servietten ______
die Speisekarte, Speisekarten ______
______
das Trinkgeld (*Pl. selten*) ______
die Vorspeise, Vorspeisen ______
das Hauptgericht, Hauptgerichte ______
______
der Nachtisch, Nachtische ______
gemütlich ______

ausgebucht (sein) ______
reservieren ______
die Reservierung, Reservierungen ______
______
die Spaghetti (*Pl.*) ______

Ich möchte gern einen Tisch reservieren.
Für wie viele Personen?
Für zwei Personen.
Wann möchten Sie kommen?
Haben Sie morgen einen Tisch frei?
Ja, das geht. / Tut mir leid. Wir sind ausgebucht.
Auf welchen Namen möchten Sie reservieren?

1 Ich würde gern einen Tisch reservieren.

1.1 Was passt? Ordnen Sie zu.

ausgebucht • freundlich • gemütlich • günstig • lecker • sauber • vegetarisch

★★★★☆ Ich war gestern zum ersten Mal im Restaurant *Smachno*. Das Essen hat sehr ______ (1) geschmeckt. Ich hatte *Wareniki* mit Fleisch, aber es gibt das Gericht auch ______ (2). Das Restaurant war ______ (3), weil eine Familie dort Geburtstag gefeiert hat. Der Kellner war aber schnell und sehr ______ (4), die Toiletten waren ______ (5) und 10 € für ein Hauptgericht und ein Getränk finde ich wirklich ______ (6)! Das Restaurant ist nicht groß, aber sehr ______ (7).

1.2 Was passt? Ordnen Sie zu.

Auf welchen Namen möchten Sie reservieren? • Für wie viele Personen? • Haben Sie dann einen Tisch frei? • Wann möchten Sie kommen? • Was kann ich für Sie tun? • Ich möchte gern einen Tisch reservieren.

- Guten Abend, Restaurant *Leckerbissen*. ____________ (1)
- Guten Abend! ____________ (2)
- Sehr gerne. ____________ (3)
- Für vier Personen.
- ____________ (4)
- Geht es morgen um 19 Uhr? ____________ (5)
- Ja, das geht. ____________ (6)
- Kluge: K-L-U-G-E. Vielen Dank!

1.18 **1.3 Hören Sie. Schreiben Sie.**

Reservierungen

Wie viele Personen? ____________

Wann? ____________

Name? ____________

1.19 **1.4 Phonetik: kurz oder lang? Hören Sie. Ordnen Sie.**

zehn • essen • vier • Uhr • die • reservieren • notieren • Mittwoch • wann • sehr

kurz: Vokal + zwei Konsonanten	lang: Vokal + *h*	lang: *ie*
essen		

1.20 **1.5 Kurz oder lang? Hören Sie. Sprechen Sie nach.**

- Wir möchten einen Tisch reservieren.
- Für wie viele Personen? Und wann möchten Sie kommen?
- Für zehn Personen, am Mittwoch um 16 Uhr.
- Das geht. Dann notiere ich: zehn Personen am Mittwochnachmittag um vier Uhr.

2 Haben Sie reserviert?

2.1 Was ist auf dem Tisch? Schreiben Sie.

1. die Speisekarte
2. ____________
3. ____________
4. ____________
5. ____________
6. ____________

2.2 Was passt? Ordnen Sie zu.

Hauptgerichte • Löffel • Nachtisch • Reservierung • Speisekarte • Trinkgeld • Vorspeise

1. Entschuldigung, ich habe eine Suppe bestellt, aber ich habe noch keinen ____________ !
2. Ich möchte einen Nachtisch. Könnte ich die ____________ noch einmal sehen?
3. Das Restaurant *Smachno* ist immer ausgebucht. Wir brauchen eine ____________ .
4. Ich hätte gern eine kleine Suppe als ____________ und danach gern den Gemüsereis.
5. Entschuldigung, haben Sie auch vegetarische ____________ ?
6. Möchten Sie noch einen Kaffee oder einen ____________ ?
7. Ich habe ____________ gegeben, denn ich war mit dem Service sehr zufrieden.

2.3 Welche Antwort passt? Hören Sie. Kreuzen Sie an.

1.21

1. a ☐ Ja, wir haben einen Tisch frei. b ☐ Ja, auf den Namen Börner.
2. a ☐ Ja, ich hätte gern einen Kaffee. b ☐ Ja, für vier Personen.
3. a ☐ Ja, natürlich. Entschuldigung! b ☐ Nein, wir sind heute leider ausgebucht.
4. a ☐ Die Rechnung, bitte. b ☐ Ja, danke. Sehr gut.

2.4 Was ist richtig? Hören Sie. Kreuzen Sie an.

1.22

1. Was hat die Frau gegessen?

a ☐ 

b ☐ 

c ☐ 

2. Warum kommt der Mann zu spät?

a ☐ 

b ☐ 

c ☐ 

2.5 Was passt? Ordnen Sie zu.

als Vorspeise • Das macht • Einen schönen Abend • Hat es Ihnen geschmeckt • Machen Sie • Möchten Sie einen Nachtisch • Wir hätten gern • Was darf es sein • als Hauptgericht • Wir haben reserviert • Wir möchten gern zahlen

- Guten Tag. ______________________ (1): für zwei Personen, auf den Namen Heine.
- Willkommen. Hier, bitte, die Speisekarte ... ______________________ ? (2)
- ______________________ (3) zwei Bier. Und wir nehmen beide die Suppe ______________ (4) und einmal das Gemüse mit Tofu und die Spaghetti ______________________ . (5)

(*eine Stunde später*)

- ______________________ ? (6)
- Ja, danke. Es war sehr lecker.
- Haben Sie noch einen Wunsch? ______________________ (7) oder einen Kaffee?
- Nein, danke. ______________________ . (8)
- Gern. ______________ (9) 61 Euro.
- ______________ (10) 65 Euro.
- Vielen Dank. ______________________ (11) noch!

Richtig schreiben

1 Wie schreibt man das?

1.23

Wie schreibt man die Wörter? Hören Sie. Schreiben Sie.

1. ______________
2. ______________
3. ______________
4. ______________
5. ______________
6. ______________
7. ______________
8. ______________

2 Hat es Ihnen geschmeckt?

In welchem Restaurant waren Sie schon mal? Wie war es? Schreiben Sie einen kurzen Text.

Letzte Woche war ich im Restaurant ...

Alles klar?

1 Wortschatz

1.1 Welches Verb passt nicht? Kreuzen Sie an. (2,5 Punkte)

1. ein Flugzeug	☐ malen	☐ basteln	☐ entspannen
2. eine Spezialität	☐ kochen	☐ reservieren	☐ probieren
3. eine Lösung	☐ vorschlagen	☐ haben	☐ stattfinden
4. einen Brief	☐ chatten	☐ schreiben	☐ bekommen
5. eine Spende	☐ bekommen	☐ helfen	☐ überweisen

1.2 Was passt? Ergänzen Sie. (2,5 Punkte)

1. Entschuldigung, ich habe eine Suppe bestellt, aber keinen L__________ bekommen.
2. Ich möchte gern einen Nachtisch. Könnte ich noch einmal die S____________________ sehen?
3. Ich bin zufrieden mit dem Service, ich gebe T____________________.
4. Sorry, wir haben keinen Tisch frei. Wir sind a____________________.
5. Ich möchte einen Tisch für fünf Personen r____________________.

___/5 Punkte

0–3 Punkte? Bitte noch üben!

2 Grammatik

Warum? Verbinden Sie mit *weil*. Schreiben Sie. (5 Punkte)

1. Ich bin glücklich. Ich habe einen Job gefunden. ____________________
2. Tim macht oft Sport. Er möchte fit sein. ____________________
3. Li fährt mit dem Fahrrad. Der Bus fährt nicht. ____________________
4. Wir kaufen etwas für Amir. Er hat Geburtstag. ____________________
5. Ich habe heute keine Zeit. Ich muss arbeiten. ____________________

___/5 Punkte

0–3 Punkte? Bitte noch üben!

3 Kommunikation

Was passt? Schreiben Sie. (10 Punkte)

- Guten Abend, Restaurant *Kartoffelhaus*. ____________________? (1)
- Guten Abend! Ich möchte gerne ____________________. (2)
- Sehr gerne. ____________________? (3)
- Für zwei Personen. Haben Sie ab 19 Uhr ____________________? (4)
- Ja, das geht. ____________________? (5)
- Auf den Namen: Kratzer. Vielen Dank!

___/10 Punkte

0–6 Punkte? Bitte noch üben!

4 Wohnen und Nachbarn

A Wie möchten Sie wohnen?

das Einfamilienhaus (EFH) ______________________

die 3-Zimmer-Wohnung (3-Zi-Whg.) ______________________

____

die Monatsmiete (MM) ______________________

die Nebenkosten (NK) ______________________

die Einbauküche (EBK) ______________________

das Paar, Paare ______________________

kontaktieren ______________________

die Qualität, Qualitäten ______________________

das Zentrum, Zentren ______________________

die Fläche, Flächen ______________________

außerhalb (von) ______________________

der Altbau, Altbauten ______________________

der Neubau, Neubauten ______________________

mit|schicken ______________________

das Stockwerk, Stockwerke ______________________

die Besichtigung, Besichtigungen ______________________

____

1 Die Wohnung ist schön, aber teuer.

1.1 Was passt? Ordnen Sie zu.

Bad • Balkon • Dusche • Küche • Schlafzimmer • Wohnzimmer

Schau, das ist meine neue Wohnung: Hier ist das ______________ (1). Hier steht das Sofa und dort der Fernseher. Und hier rechts ist das ______________ (2). Dort stehen mein Bett und ein Kleiderschrank. Hinten ist das ______________ (3) mit Toilette und ______________ (4). Und hier vorne ist die ______________ (5). Sie ist klein, aber gemütlich. Man kann hier gut zusammen kochen und essen. Und im Sommer kann man draußen auf dem ______________ (6) sitzen. Schön, oder?

1.24

1.2 Wie finden Paolo und Cristina die Wohnung? Hören Sie. Kreuzen Sie an.

1. Die Wohnung ist	☐ klein.	☐ groß.
2. Die Monatsmiete ist	☐ teuer.	☐ billig.
3. Die Einbauküche ist	☐ alt.	☐ modern.
4. Das Bad ist	☐ groß und hell.	☐ klein und dunkel.
5. Auf dem Balkon ist es	☐ laut.	☐ ruhig.

1.3 Was bedeuten die Abkürzungen? Schreiben Sie.

1. 3-Zi-Whg.: ______________________
2. MM: ______________________
3. NK: ______________________
4. qm: ______________________
5. EBK: ______________________

1.24 **1.4 Welche Informationen fehlen? Hören Sie noch einmal. Ergänzen Sie.**

Schöne Altbau-Whg. im Zentrum mit Bad und EBK

______ €	___ Zi.	______ qm	______ €
MM		Fläche	NK

1.25 **1.5 Phonetik: *qu* [*kw*]. Sprechen Sie zu zweit. Hören Sie. Kontrollieren Sie.**

1. Wie viele Quadratmeter hat deine Wohnung?
   Ich glaube, es sind 50 Quadratmeter.
2. Dein Sofa ist wirklich bequem!
   Findest du? Ich finde es unbequem.

2 Wir suchen dringend eine Wohnung.

2.1 Was passt? Lesen Sie. Ordnen Sie zu.

Zentrum • Neubau • außerhalb • dringend • Stock • Monatsmiete

Wohnung gesucht!

Markus 92: Hallo, alle! Wir suchen ______________ (1) eine Wohnung im ______________ (2) von Heidelberg. Habt ihr Tipps? Dann kontaktiert uns bitte!

Bushra: Was sucht ihr genau? Vielleicht könnt ihr ______________ (3) von Heidelberg suchen, weil es im Zentrum oft sehr teuer ist.

Markus 92: Wir suchen eine große 4-Zimmer-Wohnung, denn wir sind ein Paar mit zwei Kindern. Alt- oder ______________ (4) – das ist egal, aber bitte nicht im Erdgeschoss oder im ersten ______________ (5), denn da ist es oft sehr laut. Ein Einfamilienhaus ist auch in Ordnung, aber wir können nur eine ______________ (6) von 1.300 Euro zahlen.

2.2 Welche Anzeige passt? Lesen Sie 2.1 noch einmal. Kreuzen Sie an.

1 ☐ Schöne Neubauwohnung im Zentrum, helle EBK

1.300 €	4 Zi.	100 qm	Ihre Nachricht an:
MM		Fläche	Frau Berger

2 ☐ Schöne 4-Zi-Whg. (Altbau) im EG, moderne EBK

1.200 €	4 Zi.	120 qm	Ihre Nachricht an:
MM		Fläche	Herrn Fritz

2.3 Was passt? Ordnen Sie zu.

die Wohnung ... besichtigen • einen Termin ... vereinbaren • Gibt es einen Aufzug • schicken wir mit • Ihre Anzeige gelesen • In welchem Stockwerk • andere Informationen • einen Job gefunden hat

Kontakt zu Vermieter/-in

Ihre Nachricht:

Sehr geehrte Frau Berger,

ich suche eine Wohnung in Heidelberg, weil meine Frau hier ____________________ . (1)

Ich habe ____________________ (2) und möchte gern ____________________ für die Besichtigung ____________________ . (3)

Können wir ____________________ nächste Woche ____________________ ? (4) Unsere Bewerbung ____________________ . (5) Brauchen Sie noch ____________________ ? (6)

Zwei Fragen haben wir noch: ____________________ (7) ist die Wohnung?

Und: ____________________ (8) im Haus?

Vielen Dank und mit freundlichen Grüßen
Vaja und Irakli Davitaschwili

Senden

3 Ich finde die Wohnung interessant, weil ...

3.1 Schreiben Sie Antworten. Sprechen Sie zu zweit. Tauschen Sie dann die Rollen.

Wo wohnen Sie?

____

Wie ist die Wohnung?

____

Gefällt Ihnen die Wohnung? Warum (nicht)?

____

3.2 Sie sind letzte Woche umgezogen. Schreiben Sie einer Freundin / einem Freund eine Nachricht.

Schreiben Sie:

- Wo wohnen Sie jetzt?
- Was gefällt Ihnen dort?
- Laden Sie Ihre Freundin / Ihren Freund in die neue Wohnung ein.

B Wohin kommt der Tisch?

der Fußboden, Fußböden ______

der Boden, Böden ______

die Ecke, Ecken ______

die Decke, Decken ______

der Teppich, Teppiche ______

der Sessel, Sessel ______

die Pflanze, Pflanzen ______

der Vorhang, Vorhänge ______

der Spiegel, Spiegel ______

unbedingt ______

der Schreibtisch, Schreibtische ______

Wohin kommt der Schreibtisch / die Lampe / ...?

Der Tisch kommt in die Ecke / an die Wand / ...

1 Wo stehen die Stühle?

Wiederholung: lokale Präpositionen. Was passt? Ergänzen Sie.

~~an~~ • auf • hinter • neben • in • über • unter • vor • zwischen

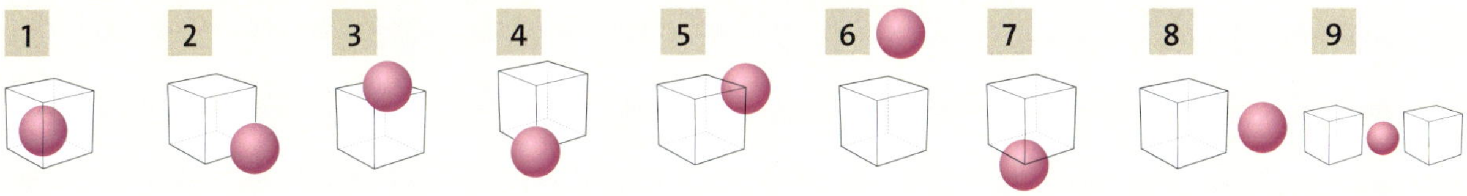

1. ______ 2. *an* 3. ______ 4. ______ 5. ______ 6. ______ 7. ______ 8. ______ 9. ______

Wo steht, liegt, hängt ...? Schreiben Sie Sätze.

1. Das Sofa steht an der Wand.

1. Das Sofa		an der Decke.
2. Die Lampe		in der Ecke.
3. Der Spiegel	stehen	auf dem Fußboden.
4. Der Teppich	liegen	an den Fenstern.
5. Der Sessel	hängen	zwischen den Fenstern.
6. Die Pflanze		auf dem Tisch.
7. Die Vorhänge		an der Wand.
8. Die Blumen		über dem Sofa.

2 Wohin kommen die Stühle?

2.1 Wo stehen, liegen oder hängen die Dinge? Sprechen Sie zu zweit wie im Beispiel.

Wo steht das Regal?

Das Regal steht links neben dem Tisch. Wo steht der Papierkorb?

2.2 Was kommt wohin? Schreiben Sie acht Sätze wie im Beispiel.

an die Wand • in die Ecke • auf den Tisch • neben das Sofa •
an die Decke • auf den Boden • ans Fenster • vor das Fenster

Das Sofa kommt links an die Wand.

2.3 ***Wo* oder *wohin*? Kreuzen Sie an.**

	Wo?	Wohin?
1. Der Papierkorb steht unter dem Tisch.	☐	☐
2. Der Herd kommt in die Küche.	☐	☐
3. Der Teppich liegt auf dem Fußboden.	☐	☐
4. Das Bild hängt an der Wand.	☐	☐
5. Die Bücher kommen in den Schrank.	☐	☐

2.4 ***Wo* oder *wohin*? Was ist richtig? Markieren Sie.**

1. Der Sessel steht vor *dem/den* Fernseher.
2. Die Lampe kommt an *der/die* Decke.
3. Die Bücher liegen *im/ins* Regal.
4. Der Vorhang kommt *am/ans* Fenster.
5. Der Schrank steht *im/ins* Wohnzimmer.
6. Der Teppich kommt auf *dem/den* Fußboden.

2.5 **Was passt? Ergänzen Sie.**

1. Die Lampe hängt über ________ Tisch.
2. Die Pflanze kommt in ________ Ecke.
3. Der Schreibtisch steht direkt a______ Fenster.
4. Das Sofa kommt zwischen ________ Schrank und ________ Regal.
5. Der Teppich liegt i______ Flur.
6. Der Papierkorb kommt unter ________ Tisch.

1.26 **2.6** **Diktat. Hören Sie. Schreiben Sie. Sie hören den Dialog zweimal.**

● Hallo, Ahmad, die Umzugskisten stehen jetzt ______ ______ (1) Haus. Wohin kommt der Spiegel? Kommt er ________ (2) Wohnzimmer?

● Nein, ______ (3) Wohnzimmer hängt schon ein Spiegel. Dieser kommt ________ (4) Bad. ________ ______ (5) Tür ist noch Platz.

● Nein, da hängt schon ein Bild.

● Ah, okay. Dann kommt er ______ ______ (6) Flur ______ ______ (7) Wand.

3 Das Bild kommt an die Wand.

Wohin kommen die Dinge? Schreiben Sie Sätze wie im Beispiel.

~~das Fahrrad~~ • die Bücher • die Stühle • das Foto • der Teppich • der Vorhang • die Teller • die Blumen

~~der Fahrradkeller~~ • der Tisch • die Wand • der Fußboden • der Bücherschrank • der Garten • die Küche • das Fenster

Das Fahrrad kommt in den Fahrradkeller.

4 Welche Möbel brauchen wir für unser Zimmer?

Was brauchen Sie? Wohin kommt es? Zeichnen Sie fünf Dinge. Schreiben Sie Sätze.

Die Pflanze kommt …

C Es gibt ein Problem.

stellen ______

legen ______

hängen ______

stecken ______

der/die Mieter/-in, Mieter/-innen ______

______

das Papier (*Pl. selten*) ______

der/das Prospekt, Prospekte ______

der/das Werbeprospekt, Werbeprospekte ______

______

der Hof, Höfe ______

der Briefkasten, Briefkästen ______

Bescheid sagen ______

die Lösung, Lösungen ______

einverstanden (sein) ______

Könnten Sie vielleicht/bitte/lieber …?

Vielleicht können wir das so machen: …?

Ich habe eine Idee: … / einen Vorschlag: …

Ich schlage vor, dass wir …

Warum haben Sie nichts gesagt? Wir können …

Das finde ich (nicht) gut.

Das gefällt mir (gar) nicht.

Damit bin ich (nicht) einverstanden.

Also, ich weiß nicht.

In Ordnung. / Gut, so können wir es machen.

1 Bitte legen Sie die Dokumente auf meinen Tisch.

1.27

1.1 Ein Kollege ruft an. Wo sind die Dinge? Hören Sie. Verbinden Sie.

1. Das Dokument	hängt	im Flur.
2. Der Drucker	liegt	an der Wand.
3. Das Plakat	steht	in der Tasche.
4. Der Werbeprospekt	steckt	auf dem Tisch.

1.27

1.2 Was soll Marianne tun? Hören Sie noch einmal. Ergänzen Sie.

Marianne soll ...

1. das Dokument neben den Computer ________________.
2. den Drucker ins Büro ________________.
3. das Plakat in den Flur ________________.
4. den Werbeprospekt in den Briefkasten ________________.

1.3 *Wo* oder *wohin?* Welches Verb passt? Markieren Sie.

1. Die Dokumente *stehen/stellen* im Schrank. Sehen Sie sie?
2. Können Sie die Dokumente bitte ins Regal *stehen/stellen*?
3. Wir *liegen/legen* das Papier auf Ihren Tisch, in Ordnung?
4. Das Papier *liegt/legt* jetzt noch neben dem Drucker.

1.4 Was passt? Ergänzen Sie.

1. Der Werbeprospekt steckt in ________ Tasche.
2. Ich hänge den Flyer an ________ Wand.
3. Steht der Computer auf ________ Tisch?
4. Bitte stecken Sie den Schlüssel in ________ Tasche.
5. Hast du das Fahrrad in ________ Hof gestellt?
6. Legen Sie die Bücher bitte in ________ Regal.
7. An ________ Decke hängt eine neue Lampe.
8. Liegt das Papier neben ________ Drucker?

1.5 Wo sind die Dinge? Wohin kommen sie? Schreiben Sie wie im Beispiel.

1. die Bücher: im Schrank → ins Regal
2. die Pflanze: auf dem Tisch → ans Fenster
3. das Papier: neben dem Drucker → in den Schrank
4. der Brief: in der Tasche → in den Briefkasten
5. das Foto: am Schrank → an die Wand

1. Die Bücher stehen im Schrank.
Stellen Sie die Bücher bitte ins Regal.

2 Ich finde das nicht gut.

2.1 Was soll Herr Schultz machen? Lesen Sie. Kreuzen Sie an.

Lieber Herr Schultz,

Sie telefonieren leider oft sehr laut. Die anderen Mieter können Sie im ganzen Haus hören!
Bitte sprechen Sie leise, weil ich so nicht arbeiten kann. Danke.

Stefan Müller aus Zimmer 12

a ☐ weniger telefonieren   b ☐ nicht so laut sprechen   c ☐ die Tür schließen

2.2 Was passt? Ordnen Sie zu.

Könnten Sie vielleicht • Also, ich weiß nicht. • In Ordnung. •
Warum haben Sie nicht Bescheid gesagt? • Ich habe einen Vorschlag:

Hallo, Herr Müller, Sie haben den Zettel geschrieben, oder?

_______________ (1)

Ach, ich weiß auch nicht. Ich war einfach sauer. Sie telefonieren immer so laut.

_______________ (2) leise telefonieren?

_______________ (3) Meine Kunden sind alt. Ich muss unbedingt laut sprechen.

_______________ (4) Sie machen beim Telefonieren einfach die Tür zu.

_______________ (5) Das kann ich machen. Sind Sie einverstanden?

Ja, danke! Das ist sehr nett von Ihnen!

3 Ich habe einen Vorschlag.

Können Sie das Problem lösen? Machen Sie einen Vorschlag. Schreiben Sie.

Liebe Nachbarin, lieber Nachbar,
ich habe eine kleine Tochter. Sie geht früh am Abend ins Bett. Leider waschen Sie oft um 19 Uhr und Ihre Waschmaschine ist sehr laut. Mein Kind kann dann nicht schlafen. Wie können wir eine Lösung finden? Ihre Nachbarin M. Schröder

Liebe Frau Schröder, ich habe Ihren Zettel gelesen. …

Richtig schreiben

1 Was bedeutet das?

Wie ist die Abkürzung? Schreiben Sie.

1. Einfamilienhaus _______________
2. Quadratmeter _______________
3. Postleitzahl _______________
4. Straße _______________
5. Erdgeschoss _______________

2 Wohnung gesucht!

Prüfung: Schreiben. Sie möchten gern die Wohnung besichtigen. Schreiben Sie eine Nachricht an die Vermieterin.

Ruhige 2-Zi-Whg. im Zentrum mit Bad und EBK

460 €	**2 Zi.**	**52 qm**	**125 €**
MM		Fläche	NK

Ihre Nachricht an: Frau Bach

- Warum schreiben Sie?
- Wer sind Sie?
- Termin für die Besichtigung
- andere Fragen (Was möchten Sie noch wissen?)

Alles klar?

1 Wortschatz

Was passt? Ergänzen Sie. (5 Punkte)

1. Der Teppich liegt auf dem ______________ .
2. Das Bild hängt an der ______________ .
3. Der ______________ hängt am Fenster.
4. Ich stecke den Brief in den ______________ .
5. Ich sehe in den ______________ und finde mich schön.

___/5 Punkte

0–3 Punkte? Bitte noch üben!

2 Grammatik

2.1 Welches Verb passt? Ergänzen Sie. (2,5 Punkte)

1. Ich ______________ den Tisch in die Ecke.
2. Kannst du bitte das Bild an die Wand ______________ ?
3. Ich ______________ die Zeitung auf den Tisch.
4. Der Schlüssel ______________ noch in der Tür.
5. Warum ______________ dein Fahrrad nicht im Hof?

2.2 Was passt? Ergänzen Sie. (2,5 Punkte)

1. An _____ Wand hängt nur ein Foto. Ich hänge noch ein Bild an _____ Wand.
2. Das Fahrrad steht nicht mehr i___ Flur. Ich habe es in _____ Hof gestellt.
3. Ich lege die Prospekte i_____ Regal, okay? Sie liegen noch neben _____ Drucker.
4. Liegt der Brief noch auf _____ Tisch oder hast du ihn schon in _____ Briefkasten gesteckt?
5. I___ Regal stehen zu viele Bücher. Stell sie bitte in _____ Schrank.

___/5 Punkte

0–3 Punkte? Bitte noch üben!

3 Kommunikation

1.28

Welche Reaktion passt? Hören Sie. Kreuzen Sie an. (10 Punkte)

1. a ☐ Das finde ich nicht gut. b ☐ Tut mir leid. Bin ich zu laut?
2. a ☐ Sorry, tut mir leid! b ☐ Gut, so können wir es machen.
3. a ☐ Das gefällt mir gar nicht. b ☐ Warum haben Sie nicht früher etwas gesagt?
4. a ☐ Ja, klar. Das kann ich machen. b ☐ Damit bin ich nicht einverstanden.
5. a ☐ In Ordnung. b ☐ Ich habe eine Idee.

___/10 Punkte

0–6 Punkte? Bitte noch üben!

Wichtige Wörter

Restaurant Pinocchio

Spezialitäten aus Italien seit 1983

1 die Vorspeise

Salat mit Gurken und Tomaten	4,70 €
Italienische Tomatensuppe	5,40 €
Gegrilltes Gemüse mit Brot	6,20 €

2 ______________

Pizza mit Schinken	11,99 €
Spaghetti mit Gemüse (vegan)	8,70 €
Hähnchen mit Kartoffeln	12,30 €

3 ______________

Tiramisu	3,80 €
Apfelkuchen	2,90 €
Käseteller	6,50 €

4 ______________

Wein	Glas	5,30 €
	Flasche	21,20 €
Bier	Glas	4,50 €
Wasser	Glas	2,10 €
	Flasche	6,20 €

5 die Speisekarte

6 ______________

7 ______________

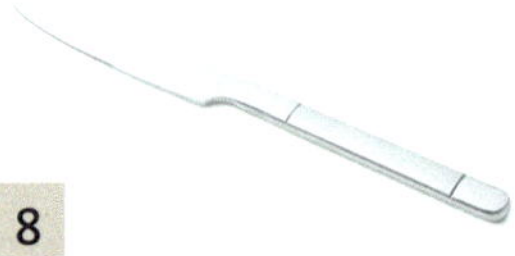

8 ______________

9 ______________

10 ______________

11 ______________

12 ______________

1 Im Restaurant

1.29 **1.1 Welche Wörter passen? Schreiben Sie. Hören Sie dann. Kontrollieren Sie.**

1.2 Arbeiten Sie zu zweit. Wählen Sie eine Situation (A, B oder C). Sie sind die Kellnerin / der Kellner. Ihre Partnerin / Ihr Partner ist die Gästin / der Gast. Spielen Sie einen Dialog.

A Sie sind im Restaurant und möchten etwas bestellen.

B Sie bekommen Ihre Bestellung. Es gibt ein Problem.

C Sie möchten bezahlen. Sie waren sehr zufrieden.

- Guten Tag, was darf es sein?
- Ich hätte gern ... als Vorspeise und ...

13

Ich wohne ______________

14

Ich wohne ______________

15

das Einfamilienhaus

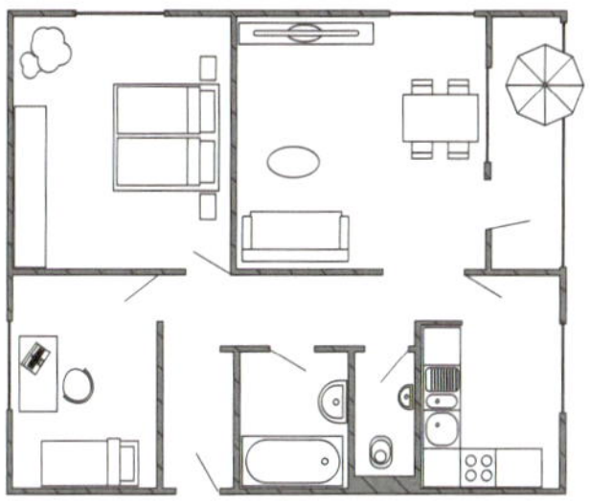

16

____

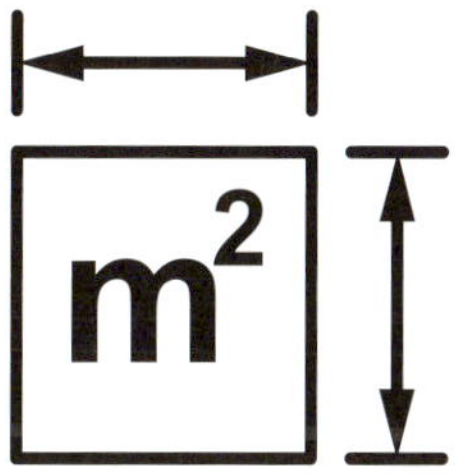

17

____

18

____

19

____

20

____

21

____

22

____

23

____

24

____

2 Ich suche eine Wohnung.

1.30 **2.1 Was ist auf den Fotos 13 bis 24? Schreiben Sie. Hören Sie dann. Kontrollieren Sie.**

1.31 **2.2 Schöne Altbauwohnung in Ulm. Welche Informationen fehlen? Hören Sie. Ergänzen Sie.**

MM ______ € NK ______ € ______ qm ______ Zi. ☐ EBK ☐ Garten ☐ Balkon

2.3 Arbeiten Sie mit den Informationen aus 2.2. Fragen Sie und antworten Sie.

Wie teuer ist die Miete pro Monat? Die Monatsmiete kostet ... Wie hoch sind die Nebenkosten?

Prüfungstraining

1 Sprechen Teil 3 (DTZ)

1.1 Was passt? Ordnen Sie zu.

Ich habe eine Idee: Wir könnten ... • Ja, das ist eine sehr gute Idee. • Das klingt gut! • Ich kann ... Würdest du bitte ...? • Wollen wir ...? Was denkst du? • Hm, ich möchte lieber ... • Also, wo/wann wollen wir ...? • Das finde ich (nicht) gut, weil ...

Vorschläge machen	reagieren

1.2 Sie wollen eine WG-Party organisieren. Welche Vorschläge haben Sie? Machen Sie zu jedem Punkt Notizen.

Wann?

Essen?

Getränke?

Was brauchen Sie noch?

Wer macht was?

1.3 Sprechen Sie zu zweit. Welche Vorschläge haben Sie? Benutzen Sie Ihre Notizen aus 1.2. Was schlägt Ihre Partnerin / Ihr Partner vor? Reagieren Sie. Übung 1.1 hilft.

Also, wann wollen wir die WG-Party machen?

Wollen wir ...? Was denkst du?

1.4 Bereit? Lesen Sie die Tipps. Machen Sie die Prüfungsaufgabe.

Lesen Sie zuerst die Aufgabe. Was sollen Sie planen?
Lesen Sie dann die Notizen. Notieren Sie Ihre Ideen.
Schlagen Sie etwas vor. Was sagt Ihre Partnerin / Ihr Partner? Wie finden Sie das? Reagieren Sie.

Und jetzt wie in der Prüfung!

1.5 Lesen Sie. Sprechen Sie zu zweit.

Sie möchten ein Nachbarschaftsfest feiern.
Sie sollen das Fest organisieren.
Planen Sie: Was möchten Sie machen?
Die Notizen helfen.

Wo?
Wann?
Essen/Getränke?
Musik?
Einladung schreiben?
Wer macht was?

2 Schreiben (DTZ)

2.1 Lesen Sie. Schreiben Sie zu jedem Punkt einen Satz.

Sie haben eine Anzeige für ein Praktikum in einem Restaurant gelesen und finden sie interessant.
Sie möchten einen Termin für ein Gespräch vereinbaren und Ihre Bewerbung mitschicken.
Schreiben Sie Frau Schröder eine E-Mail.

- Warum schreiben Sie?
- Termin?
- Dokumente?
- Fragen?

Schreiben Sie zu jedem Punkt ein bis zwei Sätze.
Schreiben Sie auch eine Anrede und einen Gruß.

1. Warum schreiben Sie? ______
2. Fragen Sie: Termin möglich? Wann? ______
3. Was schicken Sie mit? ______
4. Was möchten Sie noch wissen? ______
5. Wie ist die Anrede / der Gruß? ______

2.2 Schreiben Sie jetzt die E-Mail. Benutzen Sie Ihre Sätze aus 2.1.

2.3 Nichts vergessen? Kontrollieren Sie Ihre E-Mail. Korrigieren Sie.

	Ja, gemacht!
Haben Sie eine Anrede und einen Gruß geschrieben?	☐
Haben Sie ein bis zwei Sätze zu allen Punkt geschrieben?	☐
Haben Sie den Satzanfang immer groß geschrieben?	☐
Haben Sie die Nomen groß geschrieben?	☐
Haben Sie die Verbformen richtig geschrieben?	☐

2.4 Bereit? Lesen Sie die Tipps.
Machen Sie die Prüfungsaufgabe.

Lesen Sie zuerst die Aufgabe. Was sollen Sie schreiben?
Schreiben Sie ein bis zwei Sätze zu allen Punkten.
Schreiben Sie eine Anrede und einen Gruß.
Fertig? Lesen Sie Ihre E-Mail noch einmal. Kontrollieren Sie.

Und jetzt wie in der Prüfung!

2.5 Lesen Sie. Schreiben Sie.

Sie haben eine Anzeige für eine 2-Zimmer-Wohnung gelesen und möchten die Wohnung besichtigen.
Sie haben das Kontaktformular ausgefüllt und eine Bewerbung geschrieben. Schreiben Sie eine E-Mail an den Vermieter (Herr König).

- Warum schreiben Sie?
- Termin für eine Besichtigung vereinbaren
- Welche Dokumente schicken Sie mit?
- Stellen Sie noch eine Frage zur Wohnung.

Schreiben Sie ein bis zwei Sätze zu jedem Punkt.
Schreiben Sie auch eine Anrede und einen Gruß.

Training: Sprechen und Schreiben

1 Hast du heute Zeit?

1.1 Einen Termin finden. Was passt? Ordnen Sie zu.

Das geht leider nicht, weil • Da kann ich nicht, denn • Geht es um 11 Uhr • ~~Hast du um 9 Uhr Zeit~~ • Ja, das geht • Nein, tut mir leid • Passt das

- Wollen wir am Samstag ins Museum gehen? *Hast du um 9 Uhr Zeit* ? (1)
- ______________________ (2) ich meine Mutter zum Bahnhof bringen muss.
- Ah, okay! ______________________ ? (3)
- ______________________ . (4) Aber um 12 Uhr habe ich Zeit. Geht das?
- ______________________ (5) von 12 bis 14 Uhr bin ich beim Sport.
- Wir können auch um 15 Uhr gehen. ______________________ ? (6)
- ______________________ ! (7) Super! Bis dann!

1.2 Wie können Sie höflich absagen? Markieren Sie in 1.1.

1.3 Sie wollen am Freitag shoppen gehen. Wählen Sie eine Rolle (A oder B). Ihre Partnerin / Ihr Partner wählt die andere Rolle. Lesen Sie Ihren Plan. Decken Sie den anderen Plan ab. Variieren Sie den Dialog in 1.1 zu zweit.

Freitag, 08.03.	A
9.00	
10.00	*Sport mit Claudio*
11.00	
12.00	
13.00	*Amira beim Umzug helfen*
14.00	
15.00	
16.00	
17.00	*Abendessen mit Ellen*

Freitag, 08.03.	B
9.00	*Deutschkurs*
10.00	
11.00	
12.00	*Putzen*
13.00	
14.00	
15.00	*Werkstatt (Auto abholen)*
16.00	
17.00	

- Hast du am Freitag um 9 Uhr Zeit?
- Das geht nicht, weil ich um 9 Uhr Deutschkurs habe. Hast du ...?

1.4 Bereit? Lesen Sie die Tipps. Machen Sie die Aufgabe 1.5.

Lesen Sie die Aufgabe. Sehen Sie Ihren Kalender an. Wann haben Sie Zeit?

Fragen Sie und antworten Sie. Antworten Sie nicht nur mit *Nein*. Begründen Sie und machen Sie einen neuen Vorschlag.

Und jetzt Sie!

1.5 Lesen Sie die Aufgabe. Wählen Sie eine Rolle in der App (A oder B). Ihre Partnerin / Ihr Partner wählt die andere Rolle. Sprechen Sie zu zweit.

Sie möchten am Samstag zusammen zum Flohmarkt gehen. Finden Sie einen Termin.

2 Ich spiele gern Fußball.

2.1 Lesen Sie. Schreiben Sie Sätze zu den Punkten.

Sie sind neu in Münster und möchten Ihr Kind beim Fußballverein Kicker United e.V. anmelden.
Ihr Kind hat schon zwei Jahre Fußball im Verein in Mannheim gespielt.
Schreiben Sie eine E-Mail an den Verein (Kontakt: Frau Hahn).

- Warum schreiben Sie?
- Geben Sie Informationen zu Ihrem Kind.
- Fragen Sie: Kosten für Mitgliedsbeitrag?

Schreiben Sie zu jedem Punkt ein bis zwei Sätze (ca. 40 Wörter).
Schreiben Sie eine Anrede und einen Gruß.

1. Warum schreiben Sie? ____________________
2. Ihr Kind (Wie alt? Schon Fußball gespielt)? ____________________
3. Kosten für Mitgliedsbeitrag (Wie viel?)? ____________________
4. Wie ist die Anrede? ____________________
5. Wie ist der Gruß? ____________________

2.2 Schreiben Sie jetzt die E-Mail. Benutzen Sie Ihre Sätze aus 2.1.

2.3 Nichts vergessen? Kontrollieren Sie Ihre E-Mail. Korrigieren Sie.

	Ja, gemacht!
Haben Sie eine Anrede und einen Gruß geschrieben?	☐
Haben Sie ein bis zwei Sätze zu allen Punkten geschrieben?	☐
Haben Sie den Satzanfang und die Nomen immer groß geschrieben?	☐
Haben Sie die Verbformen richtig geschrieben?	☐

2.4 Alles klar? Lesen Sie die Tipps.
Machen Sie die Aufgabe 2.5.

Lesen Sie zuerst die Aufgabe. Was sollen Sie schreiben?
Schreiben Sie ein bis zwei Sätze zu den Punkten.
Schreiben Sie eine Anrede und einen Gruß.
Fertig? Lesen Sie Ihre E-Mail noch einmal und kontrollieren Sie.

Und jetzt Sie!

2.5 Lesen Sie. Schreiben Sie.

Sie planen eine Betriebsfeier für 15 Personen und möchten im Restaurant *Poseidon* einen Tisch reservieren. Schreiben Sie eine E-Mail an Frau Esposito.

- Warum schreiben Sie?
- Wann findet die Feier statt?
- Für wie viele Personen reservieren Sie?

Schreiben Sie ein bis zwei Sätze zu jedem Punkt (ca. 40 Wörter).
Schreiben Sie auch eine Anrede und einen Gruß.

5 Mein neuer Job

A Sie sind pünktlich, das ist gut.

der/die Arbeitnehmer/-in, Arbeitnehmer/-innen ______

die Bahn, Bahnen ______

das Lager, Lager ______

hoffen ______

das Vorstellungsgespräch, -gespräche ______

die Vorbereitung, Vorbereitungen ______

überlegen ______

die Pünktlichkeit *(Sg.)* ______

rechtzeitig ______

die Höflichkeit *(Pl. selten)* ______

die Begrüßung, Begrüßungen ______

ein-/aus|schalten ______

die Geschichte, Geschichten ______

die Jogginghose, Jogginghosen ______

schmutzig ______

1 Für mich ist das Gehalt wichtig.

1.32

1.1 Was findet die Person wichtig? Hören Sie. Ordnen Sie zu.

1. ein gutes Gehalt
2. gute Arbeitszeiten
3. eine interessante Arbeit
4. Arbeit im Team
5. nette Kolleginnen und Kollegen
6. einen unbefristeten Job

nicht wichtig	wichtig	sehr wichtig
☐ ☐	☐ ☐	☐ ☐

1.33

1.2 Welche Antwort passt? Hören Sie die Fragen. Ordnen Sie zu.

1. ______ a Ja, das ist ein gutes Gehalt.
2. ______ b Ich habe als Lagerhelfer gearbeitet.
3. ______ c Ja, das kann ich.
4. ______ d Ja, ich habe eine Ausbildung zum Friseur gemacht.
5. ______ e Das geht leider nicht, weil ich Kinder habe.
6. ______ f Ich finde die Arbeit interessant.
7. ______ g Ja, ich arbeite gern mit Menschen zusammen.

2 Ich hoffe, dass ...

Wiederholung: *weil*. Schreiben Sie.

1. Ich komme zu spät. Die Bahn hat Verspätung.

   Ich komme zu spät, weil die Bahn Verspätung hat.

2. Ich bin nervös. Ich habe morgen ein Vorstellungsgespräch.

   ____

3. Ich möchte Teilzeit arbeiten. Ich habe Kinder.

   ____

4. Ich muss noch Waren bestellen. Das Lager ist fast leer.

   ____

2.1 Was passt? Ergänzen Sie.

Sie arbeiten Vollzeit. • Ich lerne es schnell. • Sie können Auto fahren. • Sie arbeiten schnell. • ~~Sie zahlen gut~~.

1. Ich habe gehört, dass *Sie gut zahlen* . – Ja, 18 Euro pro Stunde.
2. Ich hoffe, dass ____________ . – O ja, ich arbeite schnell.
3. Es ist wichtig, dass ____________ . – Ja, ich habe einen Führerschein.
4. Ich denke, dass ____________ . – Ja, und wir zeigen Ihnen alles.
5. Sie haben gesagt, dass ____________ . – Ja, das stimmt, 40 Stunden.

2.2 Pawel ist heute nicht zum Deutschkurs gekommen. Was denken Sie: Was ist passiert? Schreiben Sie Sätze.

Er hat den Termin vergessen. • Seine Tochter war krank. • Der Bus ist nicht gekommen. • Er wollte am Morgen nicht aufstehen. • Er hatte keine Lust. • Seine Uhr war kaputt.

Ich denke, dass ...   *Ich habe gehört, dass ...*

1.34

2.3 Phonetik: Satzmelodie. Welche Wörter sind betont? Hören Sie. Markieren Sie wie im Beispiel.

1. Ich habe <u>gehört</u>, dass die Firma <u>Leute</u> sucht.
2. Ich denke, dass das Gehalt gut ist.
3. Es ist wichtig, dass ich Vollzeit arbeiten kann.
4. Ich hoffe, dass auch die Arbeitszeiten gut sind.

2.4 Was passt: *weil* oder *dass*? Ergänzen Sie.

Paul war zu spät beim Vorstellungsgespräch, ________ (1) der Bus nicht gekommen ist. Er hat bei der Firma angerufen und gesagt, ________ (2) er später kommt. Das war kein Problem. Beim Vorstellungsgespräch hat der Chef gesagt, ________ (3) das oft passiert.

2.5 Was passt? Lesen Sie. Ordnen Sie zu.

Begrüßung • Geschichte • Jogginghose • rechtzeitig • schmutzig • überlegen • Vorbereitung • Vorstellungsgespräch

Tipps für Vorstellungsgespräche × +

Hallo! Ich habe morgen ein ______________. (1) Wie kann ich mich vorbereiten?

Ich finde, es geht auch ohne ______________. (2)

Nein! Du musst ______________ (3): Was fragt der Arbeitgeber? Was antwortest du? Und Pünktlichkeit ist wichtig. Sei ______________ (4) da, am besten eine Stunde früher.

Das ist viel zu früh! Sei zehn Minuten vor dem Termin da, das ist genug.

Und was ist bei der ______________ (5) wichtig? Wie fange ich das Gespräch an?

Höflichkeit ist wichtig. Am besten sagst du „Sie". Erzähl am Anfang einfach ganz viel.

Nein, erzähl keine lange ______________. (6) Wichtig ist auch: Deine Kleidung darf nicht ______________ (7) sein und du solltest keine ______________ (8) tragen.

2.6 Welche Tipps sind gut? Markieren Sie in 2.5.

3 Haben Sie noch Fragen?

Was sagen Sie im Vorstellungsgespräch? Schreiben Sie Antworten. Sprechen Sie zu zweit. Tauschen Sie dann die Rollen.

Guten Tag, Herr/Frau (...). Wie war die Fahrt? Haben Sie den Weg gut gefunden?

____

Sehr gut. Also: Warum möchten Sie bei uns arbeiten?

____

Schön! Und sagen Sie: Was können Sie gut? Was machen Sie gern?

____

Super, das brauchen wir. Haben Sie noch Fragen?

____

Wir zahlen 16,50 € pro Stunde. Ist das in Ordnung für Sie?

____

B Ich habe einen Vertrag.

der Beginn *(Sg.)* ____________

die Probezeit *(Sg.)* ____________

wöchentlich ____________

brutto ____________

netto ____________

der Teil, Teile: ein Teil von ____________

die Steuer, Steuern ____________

die Versicherung, Versicherungen ____________

____

die Rentenversicherung, -versicherungen ____________

____

die Rente, Renten ____________

die Arbeitslosenversicherung, -versicherungen ____________

____

die Krankenversicherung, -versicherungen ____________

____

meinen ____________

der Mindestlohn *(Pl. selten)* ____________

Habe ich Sie/dich richtig verstanden?

Was meinen Sie / meinst du damit?

Sie meinen / du meinst also, dass ...?

Ist das richtig?

Darf ich Sie/dich noch etwas fragen?

1 Das Arbeitsverhältnis ist unbefristet.

Was passt? Ordnen Sie zu.

Arbeitgeber/-in • Arbeitnehmer/-in • Beginn • Brutto-Gehalt • Probezeit • unbefristet • Vollzeit • wöchentlich

Arbeitsvertrag

zwischen Möbel-Schulze (____________) (1)

und Ahmed Al Sahin (____________) (2)

§1 Gegenstand des Vertrags

Der/Die Arbeitnehmer/-in wird als Fahrer/-in in ____________ (3) eingestellt.

§2 ____________ (4)

Das Arbeitsverhältnis beginnt am 12.10.2024 und ist ____________ (5).

Die ____________ (6) sind 6 Monate.

§3 Arbeitszeit

Die Arbeitszeit beträgt 38 Stunden ____________ (7).

§4 Gehalt

Der/Die Arbeitnehmer/-in erhält ein ____________ (8) von 19,70 Euro pro Stunde.

2 Wie viel verdienen Sie denn?

2.1 Welche Wörter passen? Ordnen Sie zu.

das Netto-Gehalt • die Rente • das Brutto-Gehalt • die Steuern

1. Die Zeit ab 67 Jahren. Man arbeitet nicht mehr. ______________________
2. Diesen Teil vom Gehalt zahlt man dem Staat. ______________________
3. Gehalt plus Steuern und Versicherungen ______________________
4. Das bekommt man auf das Konto. ______________________

2.2 Welche Versicherung braucht man wann? Verbinden Sie.

1. Man hat keinen Job.
2. Man ist krank und kann nicht arbeiten.
3. Man ist über 60 und in Rente.

a Rentenversicherung
b Arbeitslosenversicherung
c Krankenversicherung

2.3 Wie kann man fragen? Ergänzen Sie. Die Wortliste hilft.

- Ich zahle keine Steuern.
- Habe ich ______________ (1)? Sie zahlen keine Steuern!?
- Ja, Sie haben mich richtig verstanden.
- Was ______________ (2)?
- Ich meine damit: Ich muss nichts von meinem Gehalt abgeben.
- Sie ______________ (3) also, dass Sie dem Staat gar nichts zahlen!? Ist ______________ (4)?
- Ja, das ist richtig. Ich bin selbstständig und verdiene nicht so viel. Dann zahlt man keine Steuern.

3 Das kann man verdienen.

Welches Land passt? Lesen Sie. Ergänzen Sie.

Mindestlöhne weltweit

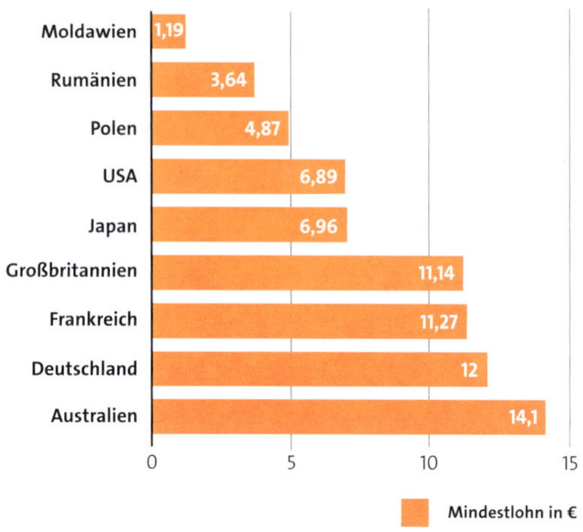

(Stand 2023; Datenquelle: statista.de)

Der Mindestlohn ist in vielen Ländern unterschiedlich. In ______________ (1) verdient man am meisten. Dort bekommen Arbeitnehmer/-innen circa 14 Euro pro Stunde. Auch in ______________, (2) ______________ (3) und Großbritannien liegt der Mindestlohn über zehn Euro. Fast sieben Euro verdient man in ______________ (4) und den USA. Sehr wenig zahlen Arbeitgeber/-innen in ______________ (5), Rumänien und Moldawien. Dort liegt der Mindestlohn unter fünf Euro.

C Wie macht man das?

die Tastatur, Tastaturen ____________

die Taste, Tasten ____________

der Bildschirm, Bildschirme ____________

die Maus, Mäuse ____________

die Datei, Dateien ____________

der USB-Stick, USB-Sticks ____________

(aus-)drucken ____________

kopieren ____________

an|klicken ____________

löschen ____________

herunter|laden ____________

schließen: eine Datei schließen ____________

____

downloaden ____________

mailen ____________

der Link, Links ____________

die Website, Websites ____________

die App, Apps ____________

der Screenshot, Screenshots ____________

der Knopf, Knöpfe ____________

das Passwort, Passwörter ____________

starten ____________

drücken ____________

das Smartphone, Smartphones ____________

____

Gern, ich zeige es Ihnen/dir.

Ich erkläre es Ihnen/dir.

Haben Sie / Hast du das verstanden?

Haben Sie / Hast du noch eine Frage?

1 Klicken Sie die Datei an.

1.1 Was ist auf den Fotos? Schreiben Sie.

____

____

____

____

____

____

1.2 Was passt? Ergänzen Sie.

Eine Datei bearbeiten und ausdrucken – so geht's:

Zuerst müssen Sie den Computer ____________ (1) und die Datei öffnen. Jetzt können Sie in der Datei arbeiten. Sie haben ein Wort falsch geschrieben? Dann können Sie es ____________ (2). Sind Sie fertig? Dann ____________ (3) Sie die Datei. Möchten Sie die Datei ____________ (4)? Dann schalten Sie zuerst den Drucker ein und ____________ „Drucken" ______ (5). Fertig? Jetzt können Sie die Datei wieder ____________ (6) und den Computer ____________ (7).

2 Ich maile dir den Screenshot von der Website.

2.1 Was bedeuten die Wörter? Verbinden Sie.

1. downloaden
2. mailen
3. der Link
4. die Website
5. der Screenshot

a ein Foto vom Bildschirm
b die Adresse von einer Internetseite
c eine E-Mail schicken
d eine Internetseite
e herunterladen

1.35 **2.2 Diktat. Hören Sie. Schreiben Sie. Sie hören den Dialog zweimal.**

Hey, kannst du mir den ______ (1) zu den Stellenanzeigen vom Jobcenter schicken? Ich finde ihn auf der ______ (2) nicht mehr.

Hast du nicht die ______? (3) Die ist gut, du kannst sie ganz einfach ______. (4) Ich schicke dir einen ______! (5)

1.36 **2.3 Phonetik: englische Wörter. Hören Sie. Sprechen Sie nach.**

1. Ich möchte die App downloaden.
2. Mailst du mir den Link?
3. Ich mache einen Screenshot von der Website.
4. Chattest du auf dem Laptop oder auf dem Handy?

3 Öffnen Sie diese Datei.

3.1 Wie ist die Endung? Ergänzen Sie.

1. Kennst du d___ Mann? — Welch___ Mann?
2. Gefällt dir d___ Mantel? — Welch___ Mantel?
3. Schau mal, d___ Uhr ist schön. — Welch___ Uhr?
4. Wie findest du d___ Buch? — Welch___ Buch?
5. Sind d___ Pakete angekommen? — Welch___ Pakete?

3.2 Was passt? Verbinden Sie.

1. Welcher Mann?
2. Welches Buch?
3. Welche Tür?
4. Welche Hefte?

a Diese.
b Dieser.
c Diese.
d Dieses.

3.3 Welcher Computer? Ergänzen Sie *dies-*.

1. Welcher Computer gefällt dir? — ______ Computer gefällt mir.
2. Welche App kann übersetzen? — ______ App kann das.
3. Welches Symbol bedeutet „einschalten“? — Das ist ______ Symbol.
4. Welche Apps gefallen dir? — ______ Apps gefallen mir.

3.4 **Was fragen und antworten die Personen? Ergänzen Sie *welch-* und *dies-*.**

1. 🗨 ______ Hose finden Sie schön?
   🗨 Ich finde ______ Hose schön.
2. 🗨 ______ Kurs können Sie empfehlen?
   🗨 ______ Kurs. Es gibt auch noch freie Plätze.
3. 🗨 ______ Schuhe haben Sie bestellt?
   🗨 Ich habe ______ Schuhe bestellt. Die blauen.

3.5 **Welche Jacke? Ergänzen Sie *welch-* und *dies-*.**

🗨 ______ (1) Jacke wollen Sie kaufen?

🗨 Ich möchte ______ (2) Jacke. Gibt es ______ (3) Jacke auch in Grün?

🗨 Leider nicht. Aber ______ (4) hier ist auch schön. Und günstig.

🗨 Okay, gut! Und ich brauche noch einen Hut. ______ (5) Hut können Sie mir empfehlen?

🗨 ______ (6) hier ist sehr schön. Probieren Sie mal. Ich glaube, er steht Ihnen gut!

🗨 Ja, ______ (7) Hut mag ich! Danke, den kaufe ich!

3.6 Prüfung: Lesen. **Welches Wort passt? Kreuzen Sie an.**

Frau Regina Romano
Wielandstr. 3
10917 Berlin

– Ihre Rechnung –

Sehr geehrte Frau Romano,

__(1)__ 24.11.2023 haben Sie in unserem Online-Shop einen Computer __(2)__. Wir haben Ihnen den Computer am 27.11.2023 geschickt. Leider haben Sie die __(3)__ von 890 € bis heute nicht bezahlt. __(4)__ haben Sie es vergessen? Ist die Ware nicht angekommen? Oder __(5)__ Sie gerade nicht zahlen? Dann können Sie __(6)__ monatlich einen Teil zahlen. Bitte melden Sie sich bei uns.

Mit freundlichen Grüßen
M. Klaasen

1.	2.	3.	4.	5.	6.
a ☐ zum	a ☐ verkauft	a ☐ E-Mail	a ☐ Vielleicht	a ☐ müssen	a ☐ oder
b ☐ vom	b ☐ bestellt	b ☐ Rechnung	b ☐ Gern	b ☐ können	b ☐ und
c ☐ am	c ☐ gesehen	c ☐ Information	c ☐ Auch	c ☐ dürfen	c ☐ auch

4 Wie funktioniert das?

Was passt? Ordnen Sie zu.

das verstanden • erkläre es Ihnen • ich zeige es Ihnen • noch eine Frage

- Entschuldigung, ich möchte eine Fahrkarte nach Potsdam kaufen. Können Sie mir zeigen, wie der Automat funktioniert?
- Gern, ________________ (1). Hier klicken Sie das Ziel an, also Potsdam. Dann klicken Sie „Bezahlen" an. Haben Sie ________________ (2)?
- Ja, danke, das habe ich verstanden. Aber wie zahle ich mit Karte? Können Sie es mir erklären?
- Das ist einfach, ich ________________ (3). Sie drücken diesen Knopf und dann stecken Sie Ihre Karte in den Automaten. Haben Sie ________________ (4)?
- Nein, ich habe keine Frage mehr. Vielen Dank!

Richtig schreiben

1 Im Computerkurs

Ergänzen Sie.

1. Sie müssen das Wort nicht noch einmal schreiben, Sie können es einfach k___i____n.
2. Das Gegenteil von e_n___a___n ist a_s_____t__.
3. Sie müssen die Datei zweimal a_k_____n.
4. Mit dieser Taste können Sie das Wort l____en.
5. Sie können die App einfach h____t__l___n.

2 Ich suche einen Job.

Wie möchten Sie arbeiten? Was ist wichtig für Sie? Schreiben Sie fünf Sätze.

Beruf? • Gehalt? • Arbeitszeiten? • im Team / allein arbeiten? • ...

Ich suche einen Job als ...
Für mich ist wichtig, dass ...
Ich denke, dass ...
Ich hoffe, dass ...

Alles klar?

1 Wortschatz

Welches Wort passt nicht? Markieren Sie. (5 Punkte)

1. Ich schließe *eine Datei / eine Tür / eine Taste*.
2. Ich *meine/denke/drücke*, dass das Gehalt gut ist.
3. Der Arbeitgeber zahlt *das Vorstellungsgespräch / die Versicherungen / das Gehalt*.
4. Sie können den Computer jetzt *einschalten/ausschalten/kopieren*.
5. Jetzt müssen Sie die App *anklicken/ausdrucken/schließen*. ___ /5 Punkte

0–3 Punkte? Bitte noch üben!

2 Grammatik

2.1 Was passt: *welch-* oder *dies-*? Ergänzen Sie. (2 Punkte)

1. Welcher Tisch gefällt dir? — Mir gefällt ______ Tisch.
   Gut, dann nehmen wir ______ Tisch.
2. ______ Bluse findest du gut? — ______ in Blau.

2.2 Wie ist es richtig? Schreiben Sie. (3 Punkte)

1. (*du: den Job bekommen*) Ich hoffe, dass ______.
2. (*die Arbeit: Spaß machen*) Ich finde es wichtig, dass ______.
3. (*das Gehalt: gut sein*) Ich denke, dass ______.

___ /5 Punkte

0–3 Punkte? Bitte noch üben!

3 Kommunikation

Welche Frage oder Antwort passt? Ergänzen Sie. (10 Punkte)

- Ich kann das Ticket in der App kaufen? Habe ______? (1)
- Ja, das haben Sie richtig verstanden. Aber Sie müssen die App zuerst downloaden.
- Wie bitte? Downloaden? Was ______? (2)
- Sorry, ich meine: Sie müssen die App herunterladen. Das ist kostenlos.
- Sie ______ (3) also, dass ich nichts für die App bezahlen muss?
- Genau. Haben ______? (4)
- Ja, wie lade ich die App herunter? Können Sie es mir zeigen?
- Ja, klar, ______. (5)
- Vielen Dank!

___ /10 Punkte

0–6 Punkte? Bitte noch üben!

6 Auf dem Weg zur Arbeit

A Wie lang ist der Weg zur Arbeit?

normalerweise ______

das Prozent (%), Prozente ______

das Verkehrsmittel, Verkehrsmittel ______

______

öffentlich: die öffentlichen Verkehrsmittel ______

______

der Stau, Staus ______

das Drittel, Drittel ______

die Hälfte *(Pl. selten)* ______

circa (ca.) ______

eilig: Ich habe es eilig. ______

______

1 Wie kommen Sie zur Arbeit?

1.1 Wie sind die Personen unterwegs? Schreiben Sie.

1 Sara

2 Lea

3 Ana

4 Dan

5 Leon

6 Max

7 Fatma

8 Andrej

1. Sara fährt mit der S-Bahn.

1.2 Wie kommen die Personen zur Arbeit? Hören Sie. Schreiben Sie. 1.37

1 Thilo Schreyer

mit dem Bus ______

2 Lilya Dowbyk

______

3 Nuh Al-Hamdi

______

1.3 Was ist richtig? Hören Sie noch einmal. Kreuzen Sie an. 1.37

1. ☐ Thilo Schreyer braucht 10 Minuten zur Arbeit.
2. ☐ Er fährt 3 Stationen mit der Straßenbahn.
3. ☐ Lilya Dowbyk nimmt oft den Bus.
4. ☐ Sie braucht mit dem Fahrrad 20 Minuten.
5. ☐ Nuh Al-Hamdi wohnt in Duisburg.
6. ☐ Er fährt eine halbe Stunde mit dem Auto.

1.4 **Was passt? Sehen Sie die Grafik an. Ordnen Sie zu.**

Hälfte • Prozent • Drittel • circa • einige • Viele

Wie kommen Menschen in Deutschland zur Arbeit?

Wir haben 1578 Personen gefragt. Mehrere Antworten waren möglich.

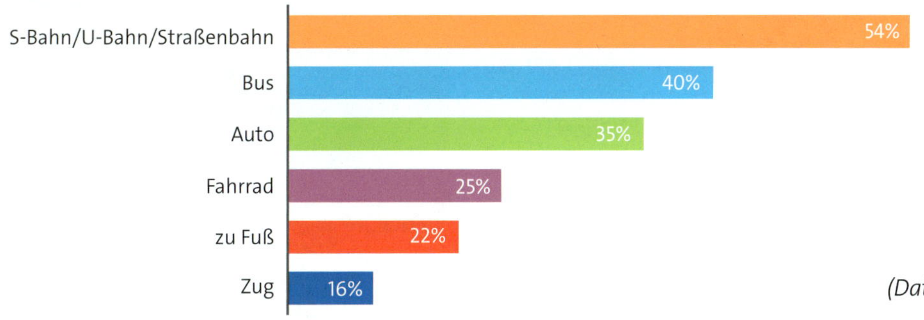

(Datenquelle: statista.de)

__________ (1) Menschen in Deutschland müssen 10 km oder mehr zur Arbeit fahren. Aber mit welchen Verkehrsmitteln fahren sie? Mehr als die __________ (2) fährt in der Stadt mit der S-Bahn, U-Bahn oder mit der Straßenbahn. Mit dem Bus fahren 40 __________ (3). Ein bisschen mehr als ein __________ (4) fährt mit dem Auto. 25 Prozent fahren mit dem Fahrrad und __________ (5) 20 Prozent gehen zu Fuß. Mit dem Zug fahren nur __________ (6), nur 16 Prozent.

2 Wenn man in Summt kein Auto hat, ...

Wiederholung: *dass* und *weil*. Schreiben Sie Sätze mit *dass*.

1. Viele müssen weit zur Arbeit fahren.

   Ich habe nicht gewusst, __________

2. Fahrradfahren ist gefährlich.

   Einige sagen, __________

3. Die öffentlichen Verkehrsmittel sind praktisch.

   Ich finde, __________

Verbinden Sie die Sätze mit *weil*.

1. Ich fahre nicht mit dem Fahrrad. Es dauert zu lange.

   Ich fahre nicht mit dem Fahrrad, weil __________

2. Ich nehme nicht gerne den Bus. Er ist immer sehr voll.

   ____

3. Ich fahre normalerweise mit dem Auto. Ich möchte flexibel sein.

   ____

2.1 Magesh oder Mirembe? Wer sagt was? Lesen Sie. Ergänzen Sie.

Lieber mit dem Auto?
Oder doch lieber mit den öffentlichen Verkehrsmitteln?

Magesh Kumar und Mirembe Boateng erzählen.

Ich finde, ein Auto ist nicht immer bequem. Wenn man lange mit dem Zug fährt, kann man lesen oder schlafen. Das ist im Auto nicht möglich. Autofahren kann auch gefährlich sein: Wenn man müde ist, macht man schnell Fehler. Und dann können Unfälle passieren.
Ein Auto kostet auch viel Geld: Man muss zum Beispiel Steuern und Versicherungen bezahlen. Wenn das Auto kaputt ist, muss es in die Werkstatt. Die Reparaturen sind immer sehr teuer. Und: Mit dem Auto steht man oft im Stau. Das ist stressig. Ich fahre also lieber mit den öffentlichen Verkehrsmitteln. Das ist günstig und bequem.

Magesh

Mirembe

Ich finde, öffentliche Verkehrsmittel sind besser für die Umwelt und sie sind nicht so teuer. Es gibt zum Beispiel das Jobticket. Das ist günstig, weil die Firmen einen Teil von den Kosten zahlen. Wenn man ein Jobticket kauft, zahlt man nicht so viel. Aber die Busse und Bahnen sind oft nicht pünktlich und man ist nicht so flexibel.
Wenn ich pünktlich sein muss, fahre ich lieber mit dem Auto. Ein Auto ist auch praktisch für mich, weil ich für die ganze Familie einkaufen muss. Wenn ich das Auto nehme, kann ich alles leicht transportieren. Also ja, für mich ist das Auto besser.

1. ______________ findet, dass man im Zug entspannen kann.
2. ______________ sagt, dass man mit öffentlichen Verkehrsmitteln oft zu spät kommt.
3. ______________ sagt, dass man für ein Auto viel zahlen muss.
4. ______________ findet, dass Autofahren auch lange dauert und stressig ist.
5. ______________ findet öffentliche Verkehrsmittel nicht praktisch.

2.2 Lesen Sie in 2.1 noch einmal. Markieren Sie die Sätze mit *wenn*. Ergänzen Sie.

	Nebensatz		Hauptsatz		
1.	Wenn man lange mit dem Zug	fährt,	kann	man	lesen oder schlafen.
2.					
3.					
4.					
5.					
6.					

2.3 Was passt? Schreiben Sie.

Man darf nicht fahren. • Ein Auto ist praktisch. • ~~Es gibt oft Stau.~~ • Man muss langsam fahren.

1. Wenn im Sommer viele in den Urlaub fahren, *gibt es oft Stau.*
2. Wenn man einen Ausflug machen möchte, ______
3. Wenn man Alkohol getrunken hat, ______
4. Wenn es stark schneit, ______

2.4 Schreiben Sie Antworten mit einem *wenn*-Satz.

Was machen Sie, wenn das Wetter gut ist?

Wenn das Wetter gut ist, ______

Was machen Sie, wenn Ihr Fahrrad kaputt ist?

Wenn mein Fahrrad kaputt ist, ______

Was machen Sie, wenn der Bus nicht kommt?

______

Was machen Sie, wenn es regnet?

______

1.38 **2.5 Phonetik: Satzmelodie. Hören Sie. Sprechen Sie nach.**

Wenn das Wetter gut ist →, gehe ich zu Fuß ↘.

Wenn das Wetter schlecht ist →, fahre ich mit dem Bus ↘.

2.6 Fragen Sie und antworten Sie. Arbeiten Sie mit den Fragen in 2.4.

2.7 Antworten Sie mit einem *wenn*-Satz.

Ich brauche Hilfe. • ~~Ich habe Hunger.~~ • Der Kühlschrank ist leer. • Das Wetter ist schön.

1. Wann essen Sie? Ich esse, wenn *ich Hunger habe.*
2. Wann fahren Sie Fahrrad? Ich fahre Fahrrad, wenn ______
3. Wann rufen Sie an? Ich rufe an, wenn ______
4. Wann kaufen Sie ein? Ich kaufe ein, wenn ______

3 ..., nehme ich den Hubschrauber.

Und Sie? Schreiben Sie.

1. Wenn ich frei habe, ...
2. Wenn die Sonne scheint, ...
3. Wenn ich es eilig habe, ...
4. Ich bin glücklich, wenn ...
5. Ich habe Angst, wenn ...
6. Ich bin müde, wenn ...

1. Wenn ich frei habe, treffe ich gern Freunde.

B Stau auf der A3.

die Autobahn, Autobahnen ____________

die Kurve, Kurven ____________

das Kreuz, Kreuze ____________

die Ausfahrt, Ausfahrten ____________

die Umleitung, Umleitungen ____________

die Baustelle, Baustellen ____________

gesperrt (sein) ____________

das Dreieck, Dreiecke ____________

häufig ____________

Wirklich?

Natürlich./Klar.

Genau. / Ja, das stimmt.

Wie bitte? / Das kann doch nicht wahr sein!

1 Am Kreuz Mainz ist eine Baustelle.

1.39 **1.1 Was ist auf den Fotos? Schreiben Sie. Hören Sie dann. Kontrollieren Sie.**

____

____

____

____

____

____

____

____

1.40 **1.2 Phonetik: *ei/ai, au, eu/äu*. Hören Sie. Ergänzen Sie.**

1. H____te br____chen wir ____re Hilfe.
2. ____f ____tobahnen gibt es h____fig B____stellen und St____s.
3. Nach dem Dr____eck Karlsruhe nehmen Sie die zw____te ____sfahrt.

1.40 **1.3 Hören Sie noch einmal. Sprechen Sie nach.**

1.41 **1.4 Prüfung: Hören. Was ist richtig? Hören Sie. Kreuzen Sie an.**

1. Wo ist ein Unfall passiert?
   - a ☐ Auf der A33.
   - b ☐ Auf der B66.
   - c ☐ Auf der A2.
2. Wie lang ist der Stau?
   - a ☐ 3 Kilometer.
   - b ☐ 10 Kilometer.
   - c ☐ 30 Kilometer.
3. Was ist das Problem?
   - a ☐ Ein Autounfall ist passiert.
   - b ☐ Es gibt einen Stau.
   - c ☐ Die Straße ist gesperrt.

2 Wo sind Sie denn?

1.42

Welche Antwort passt? Hören Sie. Kreuzen Sie an.

1. a ☐ Genau. b ☐ Wirklich?
2. a ☐ Ja, das stimmt. b ☐ Klar.
3. a ☐ Das kann doch nicht wahr sein! b ☐ Natürlich.
4. a ☐ Ja, genau. b ☐ Wirklich?

3 Das kann doch nicht wahr sein!

Was passt? Ordnen Sie zu.

Das kann doch nicht wahr sein! • Ja, das stimmt. • Klar, kein Problem. • Wirklich?

- Hallo, Olena, tut mir leid, ich bin auf dem Weg zum Geschäft, aber ich stehe im Stau.
- ______________ (1) Hm, was denkst du, wie lange brauchst du noch?
- Ich brauche bestimmt noch 30 Minuten. Hier in der Innstraße ist eine Baustelle.
- Schon wieder eine Baustelle!? ______________________________ (2)
  Aber was machen wir jetzt? Das Geschäft schließt schon um 19 Uhr, oder?
- ______________ (3) Kannst du das Geschenk allein kaufen? Dann komme ich direkt zu Tim.
- ______________ (4) Das mache ich. Dann bis später bei Tim!

C Wir kommen am 11.6. an.

die Reise, Reisen ______________

die Anreise *(Sg.)* ______________

die Abreise *(Sg.)* ______________

das Einzelzimmer, -zimmer ______________

das Doppelzimmer, -zimmer ______________

die Unterkunft, Unterkünfte ______________

die Pension, Pensionen ______________

über: über 200 € ______________

die Halbpension *(Sg.)* ______________

die Vollpension *(Sg.)* ______________

die Ausstattung *(Pl. selten)* ______________

buchen ______________

ab|reisen ______________

die Buchung, Buchungen ______________

bestätigen ______________

die Stornierung, Stornierungen ______________

kostenlos ______________

stornieren ______________

der Gesamtpreis *(Pl. selten)* ______________

Gesamt- ______________

die Übernachtung, Übernachtungen ______________

____

der Besuch, Besuche ______________

inklusive (inkl.) ______________

1 Wo übernachten wir?

1.43
1.1 Wann? Hören Sie. Ergänzen Sie.

1. Wann ist der Tag der Deutschen Einheit? Am ___________.
2. Wann ist der Tag der Arbeit? Am ___________.
3. Wann ist Silvester? Am ___________.

1.2 Schreiben Sie Fragen wie in 1.1. Fragen Sie und antworten Sie zu zweit.

1.3 Was passt? Bilden Sie Wörter. Ordnen Sie zu. Die Wortliste hilft.

ab • bu • chen • Dop • Halb • kunft • mer • pel • pen • rei • Rei • se • sen • sion • ter • Un • ziel • zim

1. Ein Hotel, eine Pension oder eine Ferienwohnung ist eine ___________.
2. Wenn man ein Zimmer im Hotel reserviert, sagt man auch: ein Zimmer ___________.
3. Ein Zimmer für zwei Personen ist ein ___________.
4. Wenn Sie im Hotel ___________ buchen, bekommen Sie Frühstück und Abendessen.
5. Wenn Gäste ___________, bedeutet das: Sie fahren von der Unterkunft nach Hause.
6. Sie möchten an einen bestimmen Ort fahren. Das ist Ihr ___________.

1.44
1.4 Was bucht Frau Bonnari? Hören Sie. Ergänzen Sie.

Anreise: ___________

Abreise: ___________

Gäste: ______

Zimmer: ______

☐ Einzelzimmer ☐ Doppelzimmer

Ausstattung: ☐ mit Bad ☐ ohne Bad

Preis (pro Zimmer/Übernachtung):

☐ 69 € ☐ 89 €

Parkplatz: ☐ ja ☐ nein

Halbpension: ☐ ja ☐ nein

Vollpension: ☐ ja ☐ nein

nur Frühstück: ☐ ja ☐ nein

1.44
1.5 Richtig oder falsch? Hören Sie noch einmal. Kreuzen Sie an.

	richtig	falsch
1. Frau Bonnari reist am Mittwoch an.	☐	☐
2. Sie kommt mit ihrem Partner.	☐	☐
3. Sie kann das Zimmer bei der Abreise bezahlen.	☐	☐
4. Der Parkplatz ist kostenlos.	☐	☐
5. Das Frühstück für drei Tage kostet über 40 Euro.	☐	☐
6. Das Hotel bestätigt die Buchung telefonisch.	☐	☐

2 Wir bestätigen Ihre Buchung.

2.1 Was passt? Lesen Sie. Ordnen Sie zu.

Abreise • Anreise • bestätigen • Besuch • Buchung • Gesamtpreis • kostenlos • stornieren

Senden | An: andreas_teker@beispiel.de
Betreff: Ihre Reservierung

Sehr geehrter Herr Teker,

wir ______________ (1) Ihre Buchung in der Pension *Sonnenschein*.

Ihre Reservierung:

______________ (2): 31.08. ______________ (3): 03.09.

______________ (4): 3 Übernachtungen, 1 Einzelzimmer

Stornierungsbedingungen:

Die Stornierung ist bis zum 30.08. (23:59 Uhr) ______________. (5)

Wenn Sie weniger als 24 Stunden vor der Anreise ______________ (6), zahlen Sie den Gesamtpreis.

Preis: € 89 (pro Zimmer x 3 Übernachtungen)

______________ (7): € 267

Wir freuen uns auf Ihren ______________! (8)

1.45 **2.2 Was ist falsch? Hören Sie. Korrigieren Sie in 2.1.**

1.46 **2.3 Hören Sie weiter. Notieren Sie die Informationen zu den Fragen.**

1. Ist das Frühstück inklusive? ______________
2. Wo kann man parken? ______________

3 Das Frühstück ist inklusive.

1.47 **3.1 Diktat. Was sehen Sie auf dem Foto? Hören Sie. Schreiben Sie. Sie hören den Text zweimal.**

______________ (1) sehe ich ______________ (2) von einem Hotel. Ich sehe fünf Personen. ______________ (3) arbeitet im Hotel. Die Personen links sind ______________ (4). Die Familie macht vielleicht Urlaub und möchte ______________ (5). Ich denke, sie müssen ______________ (6) und der Mann an der Rezeption ______________ (7).

3.2 Prüfung: Sprechen. **Wählen Sie A oder B. Sprechen Sie zu zweit. Beantworten Sie die Fragen.**

1. Was sehen Sie auf dem Foto?
2. Was für eine Situation zeigt dieses Foto?
   Was machen die Personen?
3. Welche Erfahrungen haben Sie mit dieser Situation?

Auf dem Foto sehe ich einen Mann. Er steht an der Rezeption in einem Hotel.

Richtig schreiben

1 Ich stehe heute leider wieder im Stau!

Was passt: *ei*, *au* oder *eu*? Ergänzen Sie.

1. Der Gesamtpr____s ist 867 Euro. Das ist t____er.
2. ____f der ____tobahn gibt es oft Uml____tungen und St____s.
3. Für die R____se br____che ich Z____t.
4. Am Kr____z Mainz ist h____te ein Unfall passiert.

2 Ich habe noch ein paar Fragen ...

2.1 Was passt? Ordnen Sie zu.

Ab wann • Bis wann • ein paar Fragen • Ist es möglich, • vielen Dank für • Wenn das geht,

Sehr geehrte Damen und Herren,

____________ (1) die Reservierungsbestätigung. Ich habe noch

____________ (2): Ich komme am 31.8. erst spät am Abend an.

____________ (3) ist die Rezeption geöffnet? Und: ____________ (4) gibt es Frühstück?

Ich habe am nächsten Tag schon um acht Uhr einen Termin. ____________ (5)

dass ich schon um halb sieben ein Frühstück bekomme? ____________ (6)

buche ich zweimal Frühstück.

Mit freundlichen Grüßen
Andreas Teker

2.2 Lesen Sie. Schreiben Sie zu jedem Punkt ein bis zwei Sätze.

Sie haben im Hotel *Zur Post* in Stralsund vom 2.4. bis zum 3.4. ein Zimmer gebucht.
Sie haben noch Fragen. Schreiben Sie eine E-Mail an das Hotel:

- Anreise: wann? Rezeption geöffnet?
- Zimmer: mit Balkon und Bad?
- Frühstück: ab wie viel Uhr?

Alles klar?

1 Wortschatz

Was passt? Ergänzen Sie. (5 Punkte)

1. Sie haben ein Hotelzimmer gebucht. Das Hotel hat die B__________ bestätigt.
2. Sie bleiben nur eine Nacht. Am nächsten Tag möchten Sie wieder a__________.
3. Sie können leider nicht in Urlaub fahren. Sie müssen die Reise st__________.
4. Auf der Autobahn ist ein Unfall passiert. Die Autos stehen im S__________.
5. Die Autobahn ist gesperrt. Sie müssen eine U__________ fahren. ___/5 Punkte

0–3 Punkte? Bitte noch üben!

2 Grammatik

Was passt? Schreiben Sie. (5 Punkte)

Die Autobahn ist oft gesperrt. • Die Stornierung ist kostenlos. • Ich sage Ihnen Bescheid. • Ich reserviere einen Parkplatz für Sie. • Sie müssen den Gesamtpreis bezahlen.

1. Wenn Sie mit dem Auto kommen, __________
2. Wenn Sie nach dem 8.3. stornieren, __________
3. Wenn es einen Unfall gibt, __________
4. Wenn Sie das Zimmer bis zum 8.3. stornieren, __________
5. Wenn ich Verspätung habe, __________ ___/5 Punkte

0–3 Punkte? Bitte noch üben!

3 Kommunikation

Was passt? Ergänzen Sie. (10 Punkte)

Bis wann kann ich stornieren • Die Stornierung ist kostenlos • ab wann gibt es morgens Frühstück • zahlen Sie den Gesamtpreis • wie viel kostet das Frühstück

- Guten Tag, Frau Baumann hier. Ich habe ein Zimmer reserviert und ich habe noch ein paar Fragen: __________? (1)
- __________ (2), wenn Sie bis einen Tag vor der Anreise stornieren. Wenn Sie weniger als 24 Stunden vor der Anreise stornieren, __________. (3)
- Alles klar. Und __________? (4) Und __________? (5)
- Immer ab 7 Uhr. Das Frühstück kostet 13 Euro. ___/10 Punkte

0–6 Punkte? Bitte noch üben!

Wichtige Wörter

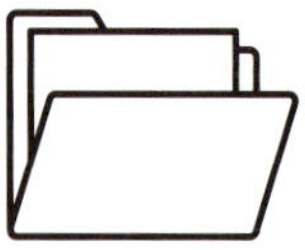

1

die Datei

2

3

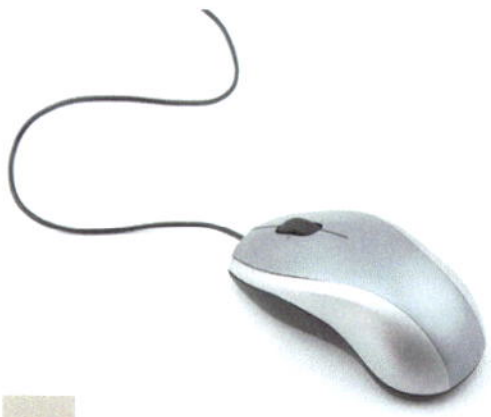

4

5

6

7

8

9

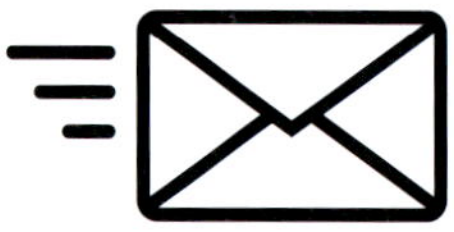

10

11

12

13

14

15

16

1 Mit dem Computer arbeiten

1.1 **Was ist auf den Fotos 1 bis 8? Schreiben Sie.**

1.2 **Welche Aktivitäten sind auf den Fotos 9 bis 16? Ordnen Sie zu.**

anklicken • einschalten/ausschalten • drucken • herunterladen • kopieren • löschen • mailen • speichern

1.48 **1.3** **Hören Sie. Kontrollieren Sie.**

1.4 **Sagen Sie ein Wort. Ihre Partnerin / Ihr Partner sagt einen Satz. Tauschen Sie dann die Rollen.**

löschen — Oh nein, ich habe die Datei gelöscht.

17 ☐

das Kreuz

18 ☐

19 ☐

20 ☐

21 ☐

22 ☐

23 ☐

24 ☐

25 ☐

26 ☐

27 ☐

28 ☐

2 Auf der Autobahn

2.1 Was bedeuten die Schilder 17 bis 28? Ordnen Sie zu.

die Ampel • die Ausfahrt • die Autobahn • die Baustelle • ~~das Kreuz~~ • die Kurve • der Parkplatz • die Richtung • der Stau • die Tankstelle • die Umleitung • der Unfall

1.49 **2.2 Hören Sie. Kontrollieren Sie.**

1.50 **2.3 Welche Wörter hören Sie? Hören Sie. Kreuzen Sie oben an.**

2.4 Arbeiten Sie in Gruppen. Erklären Sie ein Wort. Die anderen raten.

Wenn man nicht mehr auf der Autobahn fahren möchte, nimmt man … — … die Ausfahrt!

Prüfungstraining

1 Lesen Teil 3 (DTZ)

1.1 Lesen Sie den Text einmal schnell. Schreiben Sie Antworten.

1. Wer schreibt an wen? ______________________

2. Was ist das Thema? ______________________

Sehr geehrter Herr Bumbaru,

wir bestätigen die Stornierung von Ihrer Buchung in der Unterkunft *Haus Kramer* in Kassel.
Ihre Buchung: 1 Erwachsener
Anreise am 24.6. – Abreise am 26.6.
Preis: 126 €
Reservierungsnummer 23539509
Ihre Zahlung haben wir storniert. Sie müssen nichts mehr tun. Wenn Sie Fragen haben, rufen Sie uns an: +49 69 24445830 oder schreiben Sie uns: haus-kramer@beispiel.de

Mit freundlichen Grüßen
Ihr Team von *Haus Kramer*

1.2 Richtig oder falsch? Lesen Sie. Kreuzen Sie an.

	richtig	falsch
1. Herr Bumbaru übernachtet am 26.6. in Kassel.	☐	☐

1.3 Wo finden Sie die Information? Lesen Sie noch einmal. Markieren Sie in 1.1. Kreuzen Sie an.

2. Herr Bumbaru muss

a ☐ die Buchung bestätigen. b ☐ die Unterkunft anrufen. c ☐ nichts machen.

1.4 Bereit? Lesen Sie die Tipps. Machen Sie die Prüfungsaufgabe.

In der Prüfung gibt es drei Texte (einen Zeitungsartikel, eine E-Mail, eine Mitteilung). Zu jedem Text gibt es zwei Aufgaben.
Lesen Sie den Text einmal schnell. Was ist das Thema?
Lesen Sie dann die Aufgaben. Suchen Sie im Text die Informationen.
Was ist richtig? Lesen Sie genau. Kreuzen Sie an.

Und jetzt wie in der Prüfung!

1.5 Was ist richtig? Lesen Sie. Kreuzen Sie an.

Liebe Eltern,
in den Sommerferien möchten wir wieder einen Kurs für Computersicherheit anbieten. Kinder surfen viel im Internet, chatten mit ihren Freunden und Freundinnen, posten Videos und Fotos. Aber ist das immer sicher? Welche Probleme kann es geben und wie gefährlich ist es? Wir wollen mit Ihren Kindern sprechen und ihnen Tipps geben, wie sie sicher im Internet aktiv sein können.
Der Kurs findet in der Woche vom 2.7. bis 6.7. statt. Er ist für Kinder ab 12 Jahre.
Ist das interessant für Sie und Ihr Kind? Dann melden Sie bitte Ihr Kind bis zum 5.6. an.
Das Team vom Nachbarschaftshaus

	richtig	falsch
1. Der Computerkurs ist für Erwachsene.	☐	☐

2. Die Anmeldung ist bis zum ... möglich.

a ☐ 5. Juni b ☐ 2. Juli c ☐ 6. Juli

2 Sprechen Teil 2 (DTZ)

2.1 Sehen Sie die Fotos an. Lesen Sie die Aufgabe.

A

B

Sie haben in einer Zeitschrift ein Foto gefunden. Erzählen Sie.

- Was sehen Sie auf dem Foto?
- Welche Situation zeigt dieses Foto?
- Welche Erfahrungen haben Sie damit? Wie kennen Sie es?

1.51 **2.2 Über welches Foto spricht die Person? Hören Sie. Kreuzen Sie in 2.1 an.**

1.51 **2.3 Hören Sie noch einmal. Was sagt die Person? Markieren Sie.**

ein Bild / eine Situation beschreiben	über Erfahrungen sprechen
Auf dem Bild sieht man ...	Ich kenne diese Situation gut/nicht.
Auf der linken/rechten Seite ...	Ich habe selbst auch schon ... / noch nie ...
In der Mitte ist/sind ...	Hier in Deutschland ...
Vielleicht zeigt das Bild ...	Ich komme aus ... In ... ist es auch so / ähnlich /
Ich denke, das Bild zeigt / das Thema ist ...	ein bisschen anders / ganz anders.
Ich glaube, dass die Personen ...	

2.4 Sehen Sie Foto A an. Schreiben Sie Antworten zu den Fragen in 2.1. Die Sätze in 2.3 helfen.

2.5 Sprechen Sie Ihre Sätze aus 2.4. Sprechen Sie flüssig.

2.6 Bereit? Lesen Sie die Tipps. Machen Sie die Prüfungsaufgabe.

Sehen Sie das Foto an. Beschreiben Sie: Was sehen Sie? Welche Situation zeigt das Foto?

Überlegen Sie dann: Kennen Sie die Situation? Welche Erfahrung haben Sie in Deutschland / in Ihrem Land / in anderen Ländern gemacht?

Erzählen Sie. Lernen Sie wichtige Satzanfänge auswendig.

Und jetzt wie in der Prüfung!

2.7 Wählen Sie ein Foto (A oder B). Ihre Partnerin / Ihr Partner wählt das andere Foto. Lesen Sie die Fragen. Erzählen Sie. Tauschen Sie dann die Rollen.

A

B

Sie haben in einer Zeitschrift ein Foto gefunden. Erzählen Sie.

- Was sehen Sie auf dem Foto?
- Welche Situation zeigt dieses Foto?
- Welche Erfahrungen haben Sie damit? Wie kennen Sie es?

Training: Lesen und Sprechen

1 Mit dem Smartphone lernen

1.1 Lesen Sie einmal schnell. Was ist das Thema?

Mit dem Smartphone Sprachen lernen

Eine Sprache nur mit einer App lernen – geht das? „Nein", sagt Elena Gambas, Deutschlehrerin an der VHS Heidelberg. „Sprachlernapps sind toll, wenn man allein zu Hause Wörter oder Grammatik wiederholen oder üben möchte. Aber wenn man etwas neu lernt, braucht man eine Lehrerin oder einen Lehrer." Sprachlernapps können leider keinen Kontakt mit anderen bieten. „Es ist wichtig, dass man Dinge erklärt und dass die Leute Fragen stellen können. Mit Apps kann man wichtige Sätze für Dialoge üben, aber wenn man richtige Gespräche üben will, muss man zu zweit arbeiten. Und dann ist es wichtig, dass ich als Lehrerin helfen oder korrigieren kann." Man kann also sagen: Wenn man eine Sprache neu lernt, können Apps helfen, aber am besten lernt man im Kurs – zusammen mit anderen.

1.2 Lesen Sie. Wo steht die Information im Text? Markieren Sie. Kreuzen Sie dann an.

1. Der Text informiert über

a ☐ Online-Unterricht. b ☐ neue Sprachkurse. c ☐ Lernen mit Apps.

2. Mit der App kann man am besten

a ☐ Wörter trainieren. b ☐ neue Grammatik lernen. c ☐ zu zweit Dialoge sprechen.

3. Die Lehrerin / Der Lehrer kann

a ☐ in der App korrigieren. b ☐ Fragen beantworten. c ☐ im Kurs oft nicht helfen.

1.3 Bereit? Lesen Sie die Tipps.
Lösen Sie die Aufgabe 1.4.

Was ist das Thema? Lesen Sie den Text einmal schnell.

Lesen Sie dann die Aufgaben. Wo finden Sie die Informationen im Text? Lesen Sie genau.

Was ist richtig? Kreuzen Sie an.

Und jetzt Sie!

1.4 Was ist richtig? Lesen Sie. Kreuzen Sie an.

Mit dem Jobticket zur Arbeit

In vielen Städten gibt es das Problem, dass zu viele Menschen mit dem Auto unterwegs sind, und das ist nicht gut für die Umwelt. Weil Fahrten mit Bus und Bahn oft länger dauern und die Tickets teuer sind, fahren viele nicht mit öffentlichen Verkehrsmitteln. So auch Kemal Abdi. Er sagt: „Ich fahre selbst lieber mit dem Auto. Es ist bequem, aber leider auch stressig. Zum Feierabend sind die Straßen voll und man kann schlecht parken. Mit dem Fahrrad fahre ich nur, wenn es nicht zu heiß ist, regnet oder schneit." Kemals Arbeitgeber, die Firma Henke, bietet jetzt für alle ein Jobticket an. Mit dem Ticket können Arbeitnehmer/-innen alle öffentlichen Verkehrsmittel benutzen. Sie bezahlen 49 Euro im Monat und bekommen 15 Euro von der Firma zurück. Man zahlt nur 34 Euro pro Monat: Das ist für die Arbeitnehmer/-innen eine günstige Lösung. Und: Man kann das Ticket die ganze Woche und auch in der Freizeit benutzen. „Das ist eine tolle Idee und ich denke, dass ich jetzt regelmäßig mit Bus und Bahn fahre", sagt Kemal Abdi.

1. In der Stadt gibt es

a ☐ mittags oft Stau. b ☐ genug Parkplätze. c ☐ zu viel Autoverkehr.

2. Kemal nimmt das Fahrrad

a ☐ nur im Sommer. b ☐ nur, wenn das Wetter gut ist. c ☐ nur, wenn es Stau gibt.

3. In der Firma Henke gibt es für alle

a ☐ mehr Gehalt. b ☐ neue Jobs. c ☐ eine günstige Fahrkarte.

4. Arbeitnehmer zahlen

a ☐ nichts. b ☐ pro Monat 15 Euro. c ☐ nur einen Teil.

5. Das Ticket gilt

a ☐ nur für den Arbeitsweg. b ☐ nur für die Bahn. c ☐ für alle Fahrten.

2 Erzählen Sie bitte!

2.1 Was können Sie über sich erzählen? Lesen Sie. Machen Sie Notizen zu den Punkten.

Was machen Sie mit Ihrem Smartphone?

- *1. Nachrichten?*
- *2. telefonieren?*
- *3. wie lange?*
- *4. surfen?*

1. oft Nachrichten schreiben (an Freunde), ...
2. mit der Familie, ...

2.2 Schreiben Sie zu jedem Punkt ein bis zwei Sätze. Die Notizen aus 2.1 helfen.

2.3 Nehmen Sie Ihre Sätze aus 2.2 auf. Hören Sie. Was war gut? Was noch nicht so gut?

2.4 Bereit? Lesen Sie die Tipps. Machen Sie die Aufgabe 2.5.

Lesen Sie die Aufgabe. Was können Sie über sich erzählen?
Machen Sie zu jedem Punkt Notizen.
Sagen Sie etwas zu jedem Punkt.

Und jetzt Sie!

2.5 Wählen Sie eine Rolle (A oder B). Ihre Partnerin / Ihr Partner wählt die andere Rolle. Erzählen Sie etwas über Ihr Leben. Tauschen Sie dann die Rollen.

A ***Wie möchten Sie gern arbeiten?***

- *wo?*
- *Gehalt?*
- *Schichtdienst?*
- *Teilzeit/Vollzeit?*

B ***Mit welchen Verkehrsmitteln fahren Sie?***

- *zur Arbeit?*
- *oft/nie?*
- *Freizeit?*
- *Reisen?*

7 Gesund bleiben

A Haben Sie eine Krankenversicherung?

der/die Arzthelfer/-in, Arzthelfer/-innen

der Patientenbogen, Patientenbögen

schwanger

die Allergie, Allergien

die Füllung, Füllungen

die Operation, Operationen

die Untersuchung, Untersuchungen

die Behandlung, Behandlungen

(sich) interessieren (für)

die Krankenkasse, -kassen

die Krankheit, Krankheiten

die Möglichkeit, Möglichkeiten

Können Sie / Kannst du mir sagen, ...?

Wissen Sie, / Weißt du, ...?

Ich möchte gern wissen, ... / Mich interessiert, ...

Ich weiß nicht, ...

1 Hier ist meine Gesundheitskarte.

1.1 Was passt? Ordnen Sie zu.

die Allergie • der/die Arzthelfer/-in • der Beitrag • die Füllung • ~~die Gesundheitskarte~~ • die Grippe • die Krankschreibung • die Operation • das Rezept • die Schmerzen • die Salbe • die Sprechstunde • die Tabletten • die Versicherung

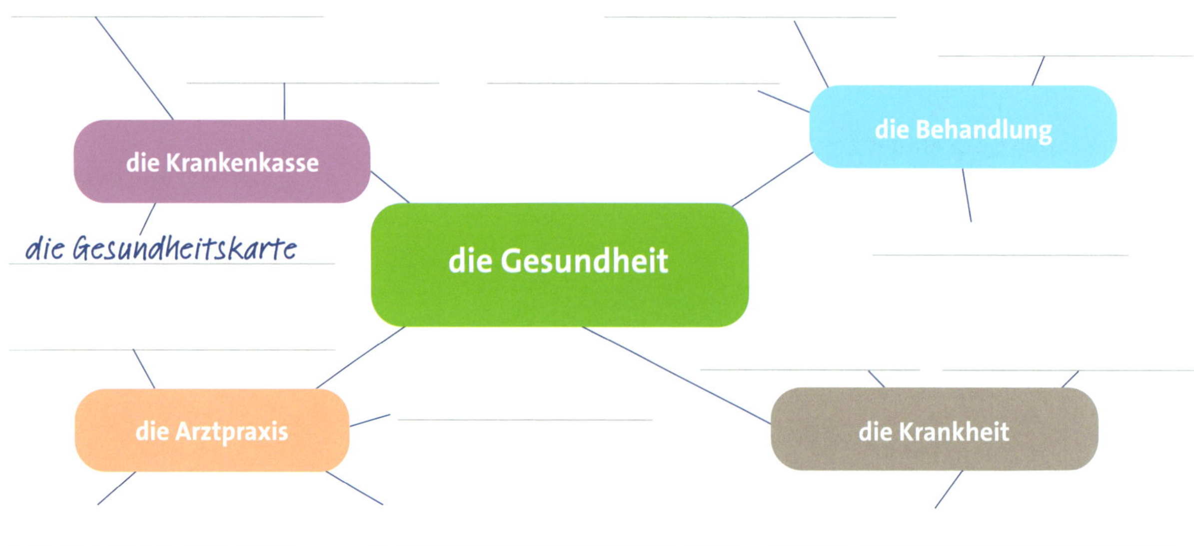

1.2 Was passt? Ordnen Sie zu.

Krankenversicherung • Krankenkasse • Patientenbogen • schwanger • Untersuchung

1. Meine Schwester arbeitet als Kauffrau für Versicherungen bei einer ____________________.
2. Bitten füllen Sie noch den ____________________ aus.
3. Ich zahle jeden Monat 160 € für meine ____________________.
4. Meine Cousine ist ____________________. Im Mai bekommt sie ihr zweites Kind.
5. Die ____________________ beim Augenarzt hat gezeigt, dass ich eine Brille brauche.

1.52

1.3 Phonetik: *ng* und *nk*. Hören Sie. Sprechen Sie nach.

1. denken – krank – Ich denke, du bist krank.
2. dringend – Untersuchung – Du musst dringend zur Untersuchung.

2 Wann waren Sie das letzte Mal beim Arzt?

2.1 Was ist richtig? Lesen Sie. Kreuzen Sie an.

Online-Sprechstunde mit Dr. Manushkina

Alina_dC: Hallo, Dr. Manushkina. Ich habe seit drei Wochen Schnupfen und Probleme beim Atmen. Ich nehme Medikamente, aber es geht mir nicht besser. Ich weiß nicht, was ich noch machen kann.

Dr. Manushkina: Hallo! Können Sie mir sagen, welche Medikamente Sie nehmen?

Alina_dC: Ich habe in der Apotheke ein Nasenspray und Tabletten (Gelotab 200) gekauft. Wissen Sie, warum die Erkältung nicht weggeht?

Dr. Manushkina: Es gibt viele Möglichkeiten. Vielleicht ist das keine Erkältung. Jetzt im Frühling haben viele Schnupfen und können schlecht atmen. Ich denke, das kann auch eine Allergie sein.

Alina_dC: Ah, ich verstehe. Die Medikamente helfen wahrscheinlich nicht, weil es keine Erkältung ist.

Dr. Manushkina: Am besten gehen Sie zum HNO-Arzt und machen dort einen Allergietest.

Alina_dC: Okay, dann mache ich dort einen Termin. Mich interessiert noch, wie teuer der Test ist.

Dr. Manushkina: Das ist unterschiedlich, aber die Krankenkassen zahlen die Kosten.

Alina_dC: Ah, das ist super, vielen Dank!

1. ☐ Alina geht es seit drei Wochen nicht gut.
2. ☐ Das Nasenspray und die Tabletten helfen.
3. ☐ Die Ärztin glaubt, dass Alina keine Erkältung hat.
4. ☐ Dr. Manushkina empfiehlt einen Allergietest beim Hausarzt.

2.2 **Welche Informationen fehlen? Lesen Sie. Ergänzen Sie.**

Patientenbogen

Name: ______________________ (1) Krankenkasse: *AB Gesundheit plus*

Geburtsdatum: *26.02.92* Hausarzt: ______________________ (4)

Straße: ______________________ (2)

PLZ, Wohnort: ______________________ (3)

Gesundheitscheck

Allergien? ☐ Nein ☐ Ja ______________________ (5)

Rauchen Sie? ☒ Nein ☐ Ja

Trinken Sie Alkohol? ☒ Nein ☐ Ja

Sind Sie schwanger? ☐ Nein ☒ Ja

Alina hat eine Lebensmittelallergie. Schon als Kind konnte sie keine Äpfel essen. Sie trinkt keinen Alkohol mehr, denn in fünf Monaten bekommen Alina und ihr Mann ihr erstes Kind.

Name
Da Costa, Alina
Geburtstag
26.02.1992
Adresse
Kurstraße 1
53117 Bonn

Dr. med. Sarah Khalil
Seumstr. 12
53111 Bonn
praxis.khalil@example.org

Wiederholung: **W-Fragen. Wie fragen Sie? Ergänzen Sie.**

1. *Wie oft* gehen Sie zum Zahnarzt? – Einmal im Jahr.
2. ______ hatten Sie die Operation? – Vor sechs Monaten.
3. ______ tut es weh? – Hier, am Rücken.
4. ______ muss ich die Tabletten nehmen? – Fünf Tage.
5. ______ Füllung möchten Sie? – Die Keramikfüllung, bitte.

2.3 **Was möchten Alina und die Ärztin wissen? Lesen Sie noch einmal in 2.1. Ergänzen Sie.**

1. *Ich weiß nicht,* *was* *ich noch* *machen kann* .
2. *Können Sie mir sagen,* ______ ______ ______ ?
3. ______ ______ ______ ______ ?
4. ______ ______ ______ ______ .

2.4 Wissen Sie, ...? Schreiben Sie wie im Beispiel.

1. Welche Möglichkeiten zur Behandlung gibt es?

Ich möchte wissen, *welche Möglichkeiten es zur Behandlung gibt* .

2. Wann muss ich wieder zur Untersuchung kommen?

Mich interessiert, ________________ .

3. Welche Medikamente zahlt die Krankenkasse?

Wissen Sie, ________________ ?

4. Welche Krankheiten hatten Sie als Kind oft?

Können Sie mir noch sagen, ________________ ?

2.5 Probleme am Computer. Schreiben Sie indirekte Fragen.

Ich muss wissen, • Ich weiß nicht, • Kannst du mir sagen, • Könntest du mir erklären, • Kannst du mir zeigen, • Weißt du,

1. Wie kann ich die Datei speichern?
2. Welche Dateien soll ich drucken?
3. Was bedeutet „downloaden"?

4. Wo finde ich den Link zur Website?
5. Welchen Knopf muss ich drücken?
6. Warum funktioniert der Drucker nicht?

1. Ich weiß nicht, wie ...

3 Ich möchte wissen, wie teuer das ist.

3.1 Was möchten Sie wissen? Lesen Sie. Schreiben Sie zwei indirekte Fragen.

www.kaufen-verkaufen@example.org × +

Schuhschrank und Spiegel suchen neues Zuhause!

Ich verkaufe meinen Schuhschrank (8 Jahre alt):
1,10 m breit, 1,30 m hoch
35 €
Der Spiegel (95 cm x 60 cm) ist fast neu. Ich habe ihn vor einem Jahr gekauft, aber unten links an der Ecke ist er ein bisschen kaputt.
15 €

Preis für beide Möbelstücke zusammen: 45 €
Sie können die Möbel abends ab 17 Uhr bei mir abholen.
Bezahlung bitte nur bar.

Kontakt: Hannah Meiser (21035 Bergedorf – Hamburg)

Kannst du mir sagen, wie teuer ...

3.2 Fragen Sie und antworten Sie. Benutzen Sie Ihre Fragen und die Informationen in 3.1.

Kannst du mir sagen, wie teuer der Spiegel ist? Der kostet ...

B Das ist unser Angebot.

das Training, Trainings ___

der Fitnesskurs, -kurse ___

die Fitness *(Sg.)* ___

das Yoga *(Sg.)* ___

das Mittel, Mittel ___

die Internetseite, -seiten ___

teil|nehmen (an) ___

endlich ___

die Langeweile *(Sg.)* ___

sparen ___

versichert (sein) ___

reinigen ___

die (Zahn-)Reinigung, (Zahn-)Reinigungen ___

___

(sich) ändern ___

der/die Raucher/-in, Raucher/-innen ___

___

vor Ort ___

die Bestätigung, Bestätigungen ___

___

1 Die Krankenkasse hilft.

1.1 Das Verb *wissen*. Was ist richtig? Markieren Sie.

1. Fragen Sie bitte Herrn Möller. Er *weißt/weiß*, wie der Drucker funktioniert.
2. Entschuldigen Sie, *weiß/wissen* Sie, wie viel Uhr es ist?
3. Viele Raucher/-innen *wissen/weiß* nicht, wie schlecht Zigaretten für den Körper sind.
4. Ich habe Langeweile. Ich *wisst/weiß* nicht, was ich machen soll.

1.2 Was passt? Ordnen Sie zu.

endlich • Fitness • geändert • Internetseite • Mittel • sparen • Trainings • versichert • Yoga • Zahnreinigung

Gesund und fit – mit Ihrer Krankenkasse

Wollen Sie ___ (1) mit dem Rauchen aufhören, suchen Sie ein ___ (2) gegen Stress oder möchten Sie aktiv etwas für Ihre ___ (3) tun? Wir haben spezielle Kurse und ___ (4) für Sie, zum Beispiel *Rückentraining für Jung und Alt* und *Entspannen mit* ___. (5) Wenn Sie bei uns ___ (6) sind, können Sie viel Geld ___, (7) denn wir zahlen die Kursgebühr. Und wenn Sie uns die Rechnung von Ihrem Zahnarzt schicken, bekommen Sie einmal pro Jahr auch die Kosten für die ___ (8) zurück. Haben Sie Fragen oder hat sich Ihre Adresse ___? (9) Dann benutzen Sie unser Kontaktformular auf unserer ___. (10)

1.53 **1.3 Was ist richtig? Hören Sie. Kreuzen Sie an.**

1. a ☐ Herr Walter kann am Rückentraining teilnehmen. ______

   b ☐ Er kann den Kurs nur vor Ort machen. ______

2. a ☐ Man braucht ein Zeugnis vom Yogalehrer. ______

   b ☐ Man darf nur drei Termine verpassen. ______

3. a ☐ Die Arzthelferin hat Fabios Zähne kontrolliert. ______

   b ☐ Bei zwei Zahnreinigungen gibt es eine Ermäßigung. ______

1.53 **1.4 Hören Sie noch einmal. Korrigieren Sie in 1.3.**

2 Ich habe noch eine Frage.

2.1 Richtig oder falsch? Lesen Sie. Kreuzen Sie an.

KK – Ihre Krankenkasse – Kursangebot × +

Selbst kochen – gesund essen

Wenn das Mittagessen schnell gehen muss, sind Gerichte vom Schnell-Imbiss praktisch – aber nicht gesund. Es ist besser für Ihre Gesundheit, wenn Sie selbst kochen! Wir bieten einen Kochkurs mit vielen Tipps und leckeren Rezepten. Alle Rezepte sind gesund, günstig und dauern nur 30 Minuten. Zusammen kochen und essen wir zehn verschiedene Gerichte mit und ohne Fleisch.

Zeit	dienstags und donnerstags 17–18:30 Uhr	**Ort** **Preis**	Gesundheitszentrum 80 € (KK-Mitglieder zahlen nur 50 %)

	richtig	falsch
1. Der Kurs dauert eine halbe Stunde.	☐	☐
2. Im Kurs kocht man zehn vegetarische Gerichte.	☐	☐
3. Der Kurs findet zweimal pro Woche statt.	☐	☐
4. Wenn man bei der KK versichert ist, zahlt man nur die Hälfte.	☐	☐

2.2 Schreiben Sie Fragen. Sprechen Sie zu zweit. Tauschen Sie dann die Rollen.

- Krankenkasse KK, Möller, guten Tag, was kann ich für Sie tun?
- Guten Tag, ich interessiere mich für den Kurs „Gesund essen“ und habe noch Fragen:
  Mich interessiert, ______
- Der nächste Kurs beginnt in zwei Wochen.
- ______
- Der Kurs dauert 90 Minuten pro Termin.
- ______
- 80 Euro, aber wenn Sie bei uns versichert sind, zahlen Sie nur 40 Euro.
- Vielen Dank für Ihre Hilfe. Dann melde ich mich jetzt für den Kurs an.

3 Melden Sie sich bei der Krankenkasse.

Prüfung: Lesen. Was passt? Lesen Sie. Kreuzen Sie an.

Sehr geehrte Damen und Herren,

ich möchte ___(1)___ mitteilen, dass sich mein Arbeitsverhältnis ___(2)___: Ab Mai arbeite ich selbstständig als Koch, ___(3)___ ich dann mein eigenes Restaurant habe. Können Sie mir sagen, wie ___(4)___ die Krankenversicherung dann ist? ___(5)___ Sie weitere Dokumente oder Informationen?

Mit ___(6)___ Grüßen

Feliz Kahraman

1.	2.	3.	4.	5.	6.
a ☐ ihnen	a ☐ ändert	a ☐ denn	a ☐ teuer	a ☐ Brauchst	a ☐ liebe
b ☐ Ihnen	b ☐ anmeldet	b ☐ weil	b ☐ groß	b ☐ Braucht	b ☐ freundlichen
c ☐ Sie	c ☐ beginnt	c ☐ dass	c ☐ gut	c ☐ Brauchen	c ☐ netten

C Geht es Ihnen nicht gut?

die Selbsthilfegruppe, Selbsthilfegruppen ______

______

ab|sagen ______

traurig ______

der Service, Services ______

das Programm, Programme ______

Was ist los? / Ist etwas nicht in Ordnung?

Darf/Kann ich Sie/dich etwas fragen?

Darf/Kann/Soll ich Ihnen/dir helfen? Das mache ich gern.

Brauchen Sie / Brauchst du Hilfe?

Kann ich etwas für Sie/dich tun?

Danke, das geht schon. / das ist nicht nötig.

Das ist (sehr) nett, danke, aber ...

Gerne. Vielen Dank. / Gut, einverstanden.

1 Kann ich Ihnen helfen?

1.54

1.1 Diktat. Hören Sie. Schreiben Sie. Sie hören den Text zweimal.

Ich heiße Hans und ich bin ______. (1) Am Anfang konnte ich mir ______ (2), was los ist. Beim Arzt habe ich ______. (3) Seit acht Monaten bin ich in ______. (4) Es geht mir jetzt ______ (5), denn ich habe verstanden: Ich habe ______. (6) Jetzt nehme ich Medikamente und gehe regelmäßig ______. (7) Dort sehe ich, dass ich ______. (8)

1.55

1.2 Was ist richtig? Hören Sie. Kreuzen Sie an.

1. Wie hilft Omar seinem Mitbewohner?

a ☐

b ☐
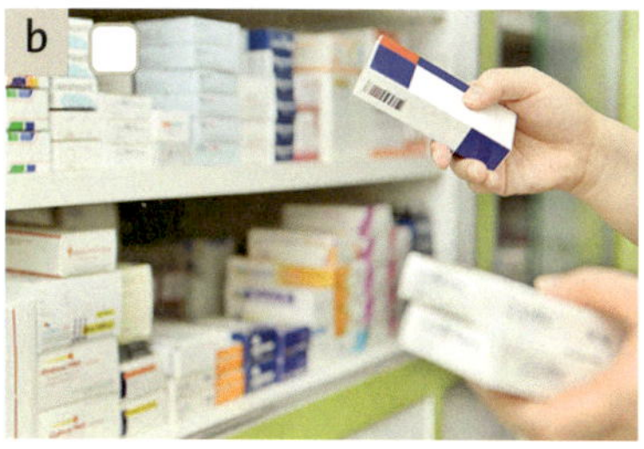

c ☐

2. Was hat Lisa am besten geholfen?

a ☐
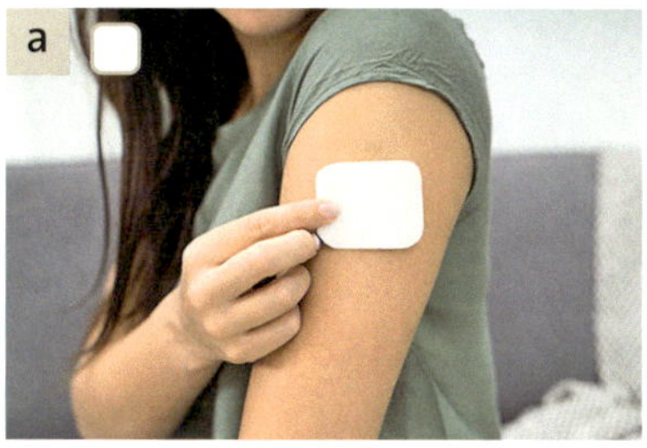

b ☐

c ☐

3. Welches Angebot ist für Helena interessant?

a ☐

b ☐

c ☐

1.3 Was passt? Ordnen Sie zu.

aber du hast auch wenig Zeit • Das mache ich gern • Gut, einverstanden • das ist nicht nötig, denn • Soll ich dir helfen • Was ist los

- Hallo, Marga! Du siehst traurig aus. ______________ ? (1) Kann ich etwas für dich tun?
- Ach, ich habe die Prüfung nicht bestanden und muss jetzt viel lernen.
- Oh, das tut mir leid. ______________ ? (2) Wenn du möchtest, kann ich eine App empfehlen. Die hat mir sehr geholfen.
- Nein, danke, ______________ ich habe schon eine Lern-App. (3)
- Verstehe. Wir können auch zusammen lernen. Ich kann deine Texte korrigieren.
- Das ist nett, danke, ______________ . (4)
- Ach, für dich habe ich immer Zeit. ______________ . (5)
- ______________ (6)! Und nach der Prüfung koche ich für dich!
- Gerne. So machen wir es! Vielen Dank!

1.4 Wie sagt Marga nein? Wie sagt sie ja? Markieren Sie in 1.3.

2 Brauchst du Hilfe?

Reagieren Sie mit *nein* 👎 oder mit *ja* 👍. Schreiben Sie.

1. Hallo, Herr Nachbar! Darf ich Ihnen helfen? Ich kann Ihre Taschen tragen.

   👎 ______________________________

   Ich kann Sie auch mit dem Auto mitnehmen, dann müssen Sie nicht Bus fahren.

   👍 ______________________________

2. Soll ich dir das neue Programm erklären? Der IT-Service hat mir ein paar Tipps gegeben.

   👎 ______________________________

   Mein Kunde hat unseren Termin für heute abgesagt, ich habe also Zeit und helfe dir gern.

   👍 ______________________________

Richtig schreiben

1 Shirin ist schwanger.

1.1 Lesen Sie. Markieren Sie *ng* und *nk*.

Hast du es schon gehört? Shirin ist schwanger! Das Baby ist bald da!

Ja, das ist schön. Hast du schon eine Idee für ein Geschenk?

Ich denke, sie braucht dringend Babykleidung, denn am Anfang passt nichts lange.

Stimmt, ich habe auch noch ein paar Babyhosen von meinen Kindern im Schrank!

1.2 Was passt: *ng* oder *nk*? Ergänzen Sie.

1. si___en: Ella si___t gern in der Dusche.
2. tri___en: Sabine tri___t gern Kaffee.
3. anfa___en: Der Film fä___t um sieben an.
4. sche___en: Asef sche___t Elia Blumen.
5. hä___en: Das Foto hä___t in der Küche.
6. bri___en: Ed bri___t seine Kinder zur Kita.

2 Ich möchte mein Kind anmelden.

Sie haben ein Kind bekommen. Informieren Sie Ihre Krankenkasse. Schreiben Sie.

Sehr geehrte Damen und Herren,

ich möchte ______________________________

____

____

____

____

- *Kind bei der Krankenkasse anmelden*
- *geboren am ...*
- *Geburtsurkunde mitschicken*
- *weitere Informationen?*

Alles klar?

1 Wortschatz

Welches Wort passt? Ergänzen Sie. (5 Punkte)

1. Ihr Zahn ist kaputt, Sie brauchen eine F________________ .
2. Sie sind zum ersten Mal in der Praxis? Dann füllen Sie den P________________ aus.
3. Die K________________ zahlt die Kosten für die Zahnreinigung.
4. Paolo war sechs Wochen im Krankenhaus. Er hatte eine O________________ am Rücken.
5. Wenn Sie bei uns v________________ sind, sind viele Gesundheitskurse kostenlos. ___ /5 Punkte

0–3 Punkte? Bitte noch üben!

2 Grammatik

Schreiben Sie Fragen. (5 Punkte)

1. Welche Fitnesskurse gibt es? — Können Sie mir sagen, *welche Fitnesskurse es gibt?*
2. Wo finden die Kurse statt? — Ich möchte gern wissen, ________________
3. Wie teuer ist die Behandlung? — Wissen Sie, ________________
4. Was zahlt die Krankenkasse? — Können Sie mir sagen, ________________
5. Wie viel muss ich selbst zahlen? — Mich interessiert, ________________
6. Wo kann ich mich anmelden? — Sagen Sie mir bitte noch, ________________

___ /5 Punkte

0–3 Punkte? Bitte noch üben!

3 Kommunikation

Sie möchten sich für einen Kurs anmelden. Was sagen Sie? Schreiben Sie. (10 Punkte)

- Guten Tag, ich möchte ________________ (1)
- Gern, möchten Sie im Sportzentrum vor Ort trainieren oder lieber online?
- ________________ (2)
- Okay, der nächste Kurs vor Ort beginnt in zwei Wochen.
- ________________ (3)
- Alle Fitnesskurse dauern 10 Wochen.
- ________________ (4)
- Die Trainings vor Ort kosten 80 Euro.
- ________________ (5)
- Ja, wenn Sie regelmäßig teilnehmen, bekommen Sie 30 Euro zurück.

Notiz:
- *Kurs: Rückentraining*
- *vor Ort*
- *wie lange?*
- *wie teuer?*
- *Ermäßigung?*

___ /10 Punkte

0–6 Punkte? Bitte noch üben!

8 Sicher am Arbeitsplatz

A So entspanne ich mich.

sich entspannen ____________________

sich beeilen ____________________

sich freuen ____________________

sich (gut/schlecht) fühlen ____________________

sich bewegen ____________________

sich verabreden ____________________

sich langweilen ____________________

sich ärgern ____________________

sich wundern ____________________

reduzieren: Stress reduzieren ____________________

____

gemeinsam ____________________

verlassen ____________________

der Arbeitsplatz, Arbeitsplätze ____________________

faulenzen ____________________

der Körper, Körper ____________________

1 Ich mache Pause.

1.1 Was machen die Personen in der Pause? Schreiben Sie.

1 José

2 Amin und Ute

3 Ana

4 Ivy

5 Ali

1. In der Pause geht José …

1.2 Und Sie? Was machen Sie oft/gern in der Pause? Schreiben Sie. *In der Pause …*

2 Pausen sind gesund.

2.1 Welche Verben sind hier? Markieren Sie. Ordnen Sie zu.

ENTSPANNENFREUENÄRGERNVERABREDENBEWEGENLANGWEILEN

1. Wir ____________________ uns sehr, denn wir werden Großeltern!
2. Der Arzt sagt, ich soll mich mehr ____________________, zum Beispiel laufen oder schwimmen.
3. Nach der Arbeit tut mein Körper weh, dann möchte ich auf dem Sofa liegen und mich ____________________.
4. Samiras Freunde ____________________ sich, denn sie kommt immer zu spät.
5. Im Kurs ____________________ wir uns nie. Der Unterricht ist immer interessant.
6. Lea und Cem ____________________ sich einmal pro Woche und lernen gemeinsam.

2.2 Was passt? Verbinden Sie.

1. Elia schläft morgens zu lange. Sie muss
2. Ich lese gern. So entspanne ich
3. Geht es dir besser? Wie fühlst du
4. Glückwunsch zur Geburt eurer Tochter! Wir freuen
5. Ed und Mia haben heute frei. Sie verabreden
6. Er hat die Prüfung nicht bestanden. Und jetzt ärgert er
7. Ihr liegt nur auf dem Sofa und seht fern! Ihr müsst

a uns für euch!
b euch mehr bewegen!
c sich immer beeilen.
d sich sehr.
e dich heute?
f mich am besten.
g sich mit Freunden.

2.3 Markieren Sie die Reflexivpronomen in 2.2. Ergänzen Sie.

ich	du	er	es	sie	wir	ihr	sie *(Pl.)*	Sie
______	______	______	sich	______	______	______	______	sich

2.4 Was passt? Ergänzen Sie. Übung 2.3 hilft.

1. Ich wundere ________, dass Li die Firma verlässt. Ich habe gedacht, es gefällt ihm hier.
2. Abends machen wir gern einen Spaziergang. So entspannen wir ________ am besten.
3. Morgen ist dein erster Arbeitstag! Freust du ________ oder bist du nervös?
4. Kamaru fühlt ________ nicht gut. Er hat Kopfschmerzen und Fieber.
5. Wenn ihr den Zug nicht verpassen wollt, müsst ihr ________ beeilen!
6. Die Party gestern war nicht so gut. Die Gäste haben ________ gelangweilt und sind früh gegangen.

2.5 Was passt? Schreiben Sie Sätze wie im Beispiel.

~~(wir) sich freuen~~ • (er) sich schlecht fühlen • (ihr) sich langweilen • (ich) sich ärgern • (sie *Pl.*) sich entspannen • (ihr) sich beeilen

krank sein • der Film: nicht interessant sein • zu spät sein • heute frei haben • ~~eine neue Wohnung haben~~ • die Arbeit: stressig sein

1. Wir freuen uns, denn wir haben eine neue Wohnung.

1.56

2.6 Phonetik: Ich- oder Ach-Laut? Hören Sie. Kreuzen Sie an.

	der Koch	die Köchin	die Nacht	die Nächte	das Buch	die Bücher	der Bauch	die Bäuche
Ich-Laut	☐	☐	☐	☐	☐	☐	☐	☐
Ach-Laut	☐	☐	☐	☐	☐	☐	☐	☐

1.57

2.7 Wo sprechen Sie den Ach-Laut? Markieren Sie. Hören Sie dann. Sprechen Sie nach.

- Wir suchen einen Sportkurs. Wir möchten uns ein bisschen mehr bewegen.
- Ich mache mittwochs Yoga. So entspanne ich mich und danach fühle ich mich gut.

3 Wie entspannen Sie sich?

1.58 **3.1 Diktat. Hören Sie. Schreiben Sie. Sie hören den Text zweimal.**

Hi, ich bin Josefa. Für ________ (1) muss ich die Wohnung nicht ________. (2) Mein Wohnzimmer ist ________. (3) Ich bin ________ (4) und ich gebe Online-Kurse. ________ (5) tanze ich. Das ist super, denn das ________! (6) Feierabend bedeutet für mich: den ________ (7) und kochen. Ich ________ (8) aus verschiedenen Ländern. Das finde ich toll! Abends ________ (9) ich gern auf dem Sofa!

3.2 Entspannung am Arbeitsplatz. Welches Angebot passt? Lesen Sie die Situationen. Ordnen Sie zu. Für eine Situation gibt es kein Angebot. Schreiben Sie dort *x*.

a Kommen Sie zu unserer **Tanzpause** (11–12 Uhr) und tanzen Sie mit uns! Vergessen Sie den Arbeitsstress, bewegen Sie sich und haben Sie Spaß! Und – bringen Sie Ihre Lieblingslieder mit!

b Sitzen Sie den ganzen Tag am Computer? Haben Sie Schmerzen, weil Sie sich zu wenig bewegen?

Unser **Schreibtisch-Yoga** ist die Lösung! Es dauert nur 10 Minuten und mit ein paar kurzen Übungen sind die Schmerzen weg und Sie sind wieder fit!

c Verlassen Sie in der Pause das Büro und machen Sie bei unserem **Team-Spaziergang** im Waldpark mit. Sie bewegen sich, können mit Kollegen sprechen und sich in der Natur entspannen. Keine Angst, wir laufen nicht schnell. Alle gehen ganz gemütlich. Jeden Mittwoch von 12–13 Uhr.

1. ☐ Ihr Rücken tut weh, aber Sie haben wenig Zeit für Sport.
2. ☐ Sie gehen am liebsten allein spazieren.
3. ☐ Sie entspannen sich am besten mit Musik.
4. ☐ Sie möchten in der Pause gern draußen sein.

B Ich gehe morgen zum Betriebsarzt.

der/die Betriebsarzt/-ärztin, Betriebsärzte/Betriebsärztinnen ________

der Betrieb, Betriebe ________

sich kümmern (um) ________

wahrscheinlich ________

treiben: Sport treiben ________

sich aus|ruhen ________

Du solltest unbedingt ... / Ich schlage vor, dass ...

Vielleicht solltest du ... / Du kannst auch ...

1 Kannst du mehr Pausen machen?

1.59
1.1 Warum geht es Damjan nicht gut? Hören Sie. Kreuzen Sie an.

1. ☐ zu viel Stress 2. ☐ Langeweile im Job 3. ☐ Schmerzen

1.59
1.2 Richtig oder falsch? Hören Sie noch einmal. Kreuzen Sie an.

	richtig	falsch
1. Damjan muss sich nach der Arbeit um die Kinder kümmern.	☐	☐
2. Er langweilt sich nach der Arbeit.	☐	☐
3. Viele Kolleginnen und Kollegen von Damjan sind im Urlaub.	☐	☐
4. Farid hat Probleme mit Stress.	☐	☐
5. Damjan fährt jeden Tag Fahrrad.	☐	☐
6. Er war schon beim Betriebsarzt.	☐	☐

2 Sie sollten zur Physiotherapie gehen.

Wiederholung: *sollen*. Welche Tipps hat die Betriebsärztin? Schreiben Sie.

~~(du) weniger Fleisch essen~~ • (ich) sich ausruhen • (man) viel trinken • (wir) sich mehr bewegen • (ihr) regelmäßig Sport treiben

Die Betriebsärztin hat gesagt, du sollst weniger Fleisch essen.

2.1 Was ist richtig? Lesen Sie. Kreuzen Sie an.

Fragen an den Betriebsarzt × +

E. Kamm: Lieber Herr Dr. Krämer, meine Kollegen und ich arbeiten den ganzen Tag am Computer, acht Stunden täglich. Ich weiß, wir sollten regelmäßig Pausen machen. Aber es gibt zu viel Arbeit und nicht genug Leute. Seit Tagen tun meine Augen weh und ich habe starke Rückenschmerzen. Was kann ich tun? Ich sollte wahrscheinlich zum Augenarzt gehen, oder? LG Erika Kamm

Dr. Krämer: Liebe Frau Kamm, wichtig ist: Ihr Bildschirm sollte nicht zu hell sein. Auch eine Computerbrille kann helfen. Wenn das nicht hilft, sollten Sie beim Augenarzt einen Sehtest machen. Bei Rückenschmerzen empfehle ich Physiotherapie. Ich kann Sie nur beraten, das Rezept für die Physiotherapie bekommen Sie vom Hausarzt. Noch ein Tipp: Sprechen Sie mit Ihrem Chef über Ihre Arbeitssituation!

1. ☐ Frau Kamm hat Stress, weil es zu viele Kollegen im Team gibt.
2. ☐ Dr. Krämer empfiehlt bei Augenschmerzen eine Computerbrille.
3. ☐ Frau Kamm soll beim Betriebsarzt einen Sehtest machen.
4. ☐ Dr. Krämer darf keine Rezepte schreiben.

2.2 Ergänzen Sie. Übung 2.1 hilft.

	sollte-		
ich	______	wir	______
du	______	ihr	______
er/es/sie	______	sie/Sie	______

2.3 Ergänzen Sie.

1. Tim *sollte* morgen nicht zu spät kommen, denn er hat einen Termin beim Amt.
2. Ich habe dich lange nicht gesehen! Wir ________ mehr Zeit zusammen verbringen!
3. Wenn du Angst hast oder nervös bist, ________ du tief ein- und ausatmen.
4. Ihr ________ mit der Lehrerin sprechen, wenn euer Sohn Probleme in der Schule hat.
5. Ich ________ mich beeilen, denn ich muss mich noch um viele Dinge kümmern.
6. Wenn Sie etwas falsch gemacht haben, ________ Sie sich nicht ärgern. Fehler passieren.

2.4 Wie sagt man es freundlicher? Schreiben Sie wie im Beispiel.

1. Nehmen Sie die Tabletten!
2. Lernt gemeinsam für den Test.
3. Ruh dich aus!
4. Gehen Sie zum Betriebsarzt!
5. Geh regelmäßig zur Zahnreinigung!

1. Sie sollten die Tabletten nehmen.

2.5 Welche freundlichen Ratschläge können Sie geben? Schreiben Sie wie im Beispiel.

1. Du bist am Kopf verletzt? Du solltest ...

3 Du solltest dich nicht ärgern.

Welche Ratschläge haben Sie? Schreiben Sie. Die Wortliste hilft. Sprechen Sie zu zweit. Tauschen Sie dann die Rollen.

- Ich mache in zwei Monaten die A2-Prüfung und möchte jetzt mehr üben. Ich kann leider zu Hause nicht so gut lernen, weil es in meiner WG oft sehr laut ist. Das ärgert mich sehr. Was soll ich machen? Hast du Lern-Tipps?
- ________
- Das ist eine gute Idee.
- Ja, oder du ________
- Stimmt, das kann ich auch probieren.
- Und: ________
- Super, danke! Das mache ich!

C Vorsicht am Arbeitsplatz!

mindestens (mind.) ______

teilen ______

verbringen ______

der Flughafen, Flughäfen ______

(die) Erste Hilfe ______

weiter|gehen ______

der Feuerlöscher, -löscher ______

das Feuer, Feuer ______

der Notausgang, Notausgänge ______

______

die Warnweste, Warnwesten ______

warnen ______

der Ohrenschutz *(Sg.)* ______

der Schutz *(Sg.)* ______

auf|passen ______

Hier müssen Sie unbedingt ... tragen/machen/ ...

Stopp! Halt! Das dürfen Sie nicht.

Das ist gefährlich/verboten!

Vorsicht! Achtung! Hier müssen Sie aufpassen!

Hier finden Sie Hilfe/Information.

1 Regeln am Arbeitsplatz. Was darf man? Was muss man?

1.1 Was ist richtig? Lesen Sie. Kreuzen Sie an.

Was darf man am Arbeitsplatz? × +

Honza: Hallo, Leute! Ich habe jetzt einen Hund. Ich möchte ihn gern ins Büro mitnehmen, weil er noch klein ist und nicht allein zu Hause bleiben kann. Geht das? Wisst ihr das?

Mel: Hi, Honza! Kleine Hunde sind in meiner Firma kein Problem. Ich denke, du solltest mit deinen Kollegen und Kolleginnen sprechen, denn vielleicht hat eine Person Angst vor Hunden oder sie hat eine Allergie. Aber wichtig ist: Du musst immer deinen Chef fragen. Er muss das erlauben.
Ich habe auch eine Frage: Gibt es bei euch Raucherpausen?

Esra: Raucherpausen? Nein, das gibt es nicht. Ich rauche nicht, warum solltest du dann mehr Pausen haben? Du musst in der Pause rauchen. Du kannst deine Pausenzeit ja teilen, aber wenn du nach der Pause z. B. noch einmal 10 Minuten rauchen möchtest, musst du auch 10 Minuten mehr arbeiten. In der Küche einen Kaffee machen und zur Toilette gehen – das darf man auch in der Arbeitszeit. Auch kurze, private Gespräche sind okay. Aber auch hier ist wichtig: Man sollte es nicht zu oft machen.

1. Hunde sind am Arbeitsplatz erlaubt, wenn ...
   - a ☐ der Chef keine Allergie hat.
   - b ☐ der Hund nicht zu groß ist.
   - c ☐ der Chef einverstanden ist.

2. Man darf in der Arbeitszeit ...
   - a ☐ nur 10 Minuten rauchen.
   - b ☐ rauchen, aber man muss die Zeit dann länger arbeiten.
   - c ☐ nie rauchen. Das ist verboten.

3. In der Arbeitszeit darf man nicht ...
   - a ☐ Kaffee kochen.
   - b ☐ zu lange oder zu oft privat telefonieren.
   - c ☐ die Toilette benutzen.

1.60

1.2 Prüfung: Hören. **Welche Sätze (a–f) passen zu den Meinungen (1–3)? Hören Sie. Ordnen Sie zu. Drei Sätze passen nicht.**

1. ☐ 2. ☐ 3. ☐

a Man sollte mehr kurze Pausen machen.

b Eine Fünf-Minuten-Pause am Tag ist genug.

c Lieber ohne Pause arbeiten und mehr Freizeit haben.

d Arbeitnehmer/-innen in Vollzeit sollten zwei Stunden Pause machen.

e In der Pause sollte man genug Zeit für Sport und Essen haben.

f Eine halbe Stunde Pause pro Arbeitstag ist in Ordnung.

2 Stopp! Das ist gefährlich!

2.1 Was bedeuten die Schilder? Lesen Sie. Ergänzen Sie. Die Wortliste hilft.

1. Das ist nicht erlaubt. Das ist ... 

2. Hier ist der ... 

3. Achtung! Hier darf man kein ... machen! 

4. Tragen Sie unbedingt eine ...! 

5. Hier finden Sie Erste ... 

6. Das Schild bedeutet: Hier ist der ... 

7. Hier müssen Sie Ihren ... tragen! 

8. Halt! Stopp! Hier dürfen Sie nicht ...! 

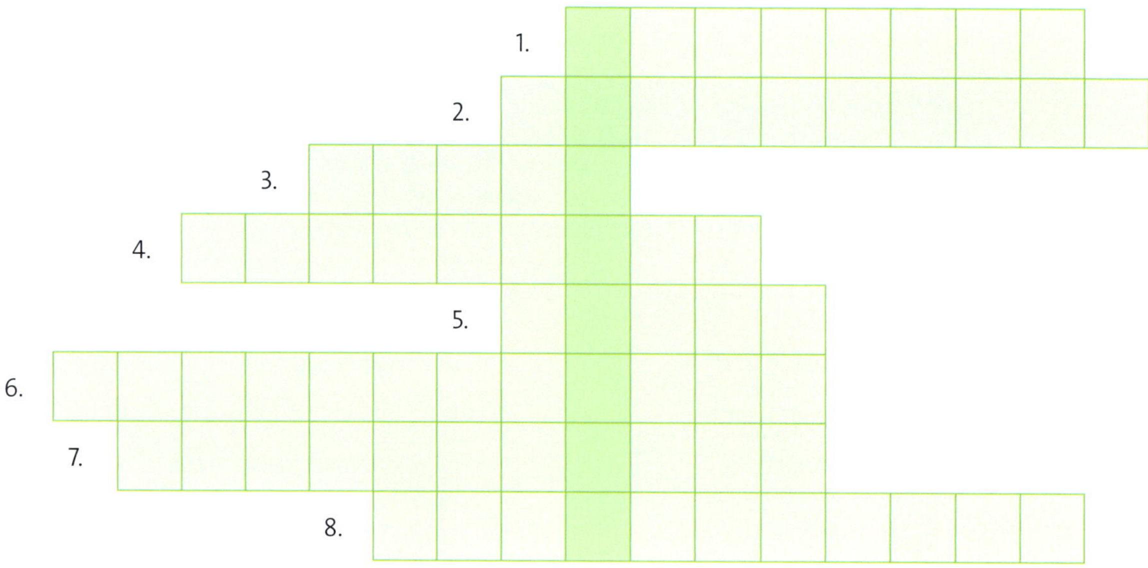

Lösungswort: ____________

2.2 Was passt? Ordnen Sie zu.

Achtung • aufpassen • Flughafen • gefährlich • Hilfe • Schilder • verboten

Ich bin Flugzeugmechatroniker und arbeite am ______________ (1) in Frankfurt. Sicherheit am Arbeitsplatz ist hier sehr wichtig, denn die Arbeit kann ______________ (2) sein. Es gibt hier viele Regeln und ______________. (3) Man muss sie gut kennen. Die Farbe Grün bedeutet: Hier gibt es ______________ (4) oder Information. Gelb bedeutet: ______________! (5) Hier muss man immer gut ______________. (6) Die Farbe Rot bedeutet, dass man etwas nicht darf – es ist ______________! (7)

2.3 Was passt? Ordnen Sie zu.

Das ist verboten • Hier finden Sie Hilfe • Hier müssen Sie aufpassen • Stopp! Halt! • Sie müssen unbedingt einen Ohrenschutz tragen

- ______________ (1) Der Eingang ist gesperrt. Hier dürfen Sie nicht weitergehen. ______________! (2)
- Oh, das habe ich nicht gewusst. Ich bin die neue Praktikantin hier und kenne die Schilder noch nicht.
- Ich verstehe, sehen Sie das gelbe Schild? Das Schild warnt vor Strom. ______________! (3)
- Ach so, vielen Dank.
- Und ganz wichtig: ______________ (4), wenn Sie in der Werkstatt sind. Dort ist es sehr laut.
- Oh ja, das mache ich. Und was bedeutet das Schild hier?
- Das Schild ist grün. Grün bedeutet: ______________! (5)

2.4 Welche Situation passt? Hören Sie. Ordnen Sie.

1.61

2.5 Phonetik: mit Emotionen sprechen. Hören Sie noch einmal. Sprechen Sie nach.

1.61

1. Achtung! Passen Sie auf! Hier ist ein Fahrradweg.
2. Stopp! Nicht weitergehen! Das ist verboten!
3. Entschuldigung! Hier darf man nicht rauchen.
4. Vorsicht! Die Autos fahren hier schnell.

3 Was bedeutet dieses Schild?

1.62

Welches Schild passt? Hören Sie. Ordnen Sie.

☐ 
☐ 
☐ 
☐ 
☐ 
☐ 

Richtig schreiben

1 Ich mache jetzt Pause.

1.1 Was passt: *ch* oder *sch*? Ergänzen Sie.

1. Was nimmst du? I___nehme etwas mit Flei___. Das Hähn___en hier ___meckt gut.

   Hm, das Geri___t mit Fi___ klingt gut, aber heute mö___te ich vegetari___ essen.

   Bestellen wir auch einen Na___tisch?

2. Wel___e Spra___en spri___st du?

   Ich spre___e Deut___ und Grie___isch. Jetzt lerne ich au___ Ukraini___.

   Das ist wi___tig für meine Arbeit.

   Wow! Ich kann ein biss___en Finni___.

1.63 **1.2 Hören Sie. Kontrollieren Sie.**

2 Was soll ich tun?

Was sollte Assane (nicht) tun? Lesen Sie. Geben Sie vier Ratschläge.

Tipps für Vorstellungsgespräche × +

Assane_2505
Hi, Leute! Ich habe in einer Woche ein Vorstellungsgespräch für einen Job als Kaufmann für Versicherungen. Ich bin ein bisschen nervös und unsicher. Was ist wichtig? Was zieht man an? Wie kann ich mich vorbereiten? Was sagt man am besten zum Arbeitgeber?
Habt ihr Tipps? Danke!

Ich

Hallo, Assane, du solltest unbedingt ...

___

___

___

Alles klar?

1 Wortschatz

Welche Verben sind hier? Markieren Sie. Ordnen Sie zu. (5 Punkte)

ÄRGERNENTSPANNENBEEILENFREUENVERABREDEN

1. Im Urlaub möchte ich nur am See liegen und mich ________________.
2. Ali und Mara haben Stress mit dem Vermieter. Sie sind sauer und ____________ sich sehr.
3. Am Wochenende ________________ wir uns gern mit Freunden in der Stadt.
4. Su und May fliegen morgen nach Spanien. Sie ____________ sich schon sehr!
5. Ana, die Straßenbahn kommt! Du musst dich ______________.

___ /5 Punkte

0–3 Punkte? Bitte noch üben!

2 Grammatik

2.1 Ergänzen Sie. (2 Punkte)

1. Die Arbeit macht Paul keinen Spaß. Er langweilt *sich*.
2. Warum lauft ihr so schnell? Entspannt __________! Wir haben genug Zeit!
3. Hi, Ale! Schön, dass du zur Party kommst! Wir freuen __________.
4. Yu ist immer zu spät! Ich ärgere __________ dann, weil ich warten muss.
5. Wie fühlst du __________ heute? Ist das Fieber weg?

2.2 Was sollten die Personen tun? Schreiben Sie. (3 Punkte)

1. Sie: mit dem Betriebsarzt sprechen

   Sie sollten

2. Ljuba: sich regelmäßig bewegen

   ____

3. du: mehr Zeit mit Freunden verbringen

   ____

___ /5 Punkte

0–3 Punkte? Bitte noch üben!

3 Kommunikation

Was bedeuten die Schilder? Schreiben Sie. (10 Punkte)

1 2 3 4 5 6

1. Achtung! Man darf das Wasser nicht trinken! Das ist verboten.

___ /10 Punkte

0–6 Punkte? Bitte noch üben!

Wichtige Wörter

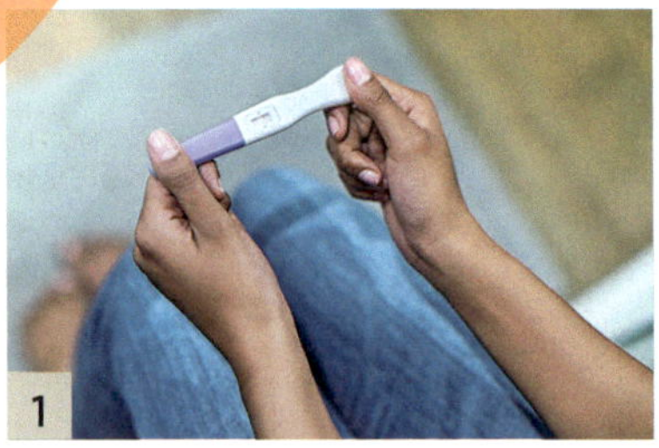
1

_______________ sein

2

_______________ sein

3

_______________ sein

4

_______________ haben

5

eine _______________ haben

6

_______________ haben

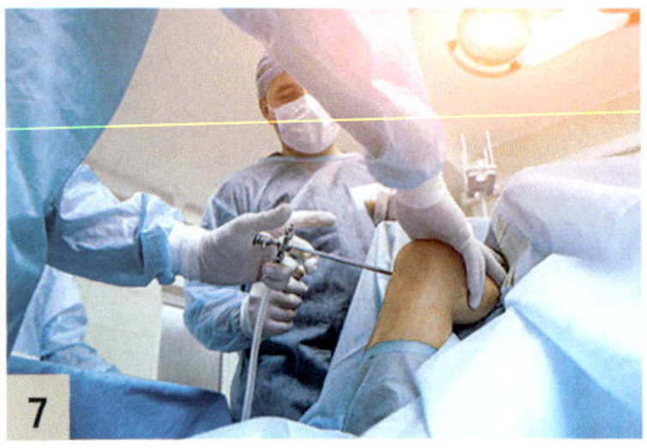
7

eine _______________ brauchen

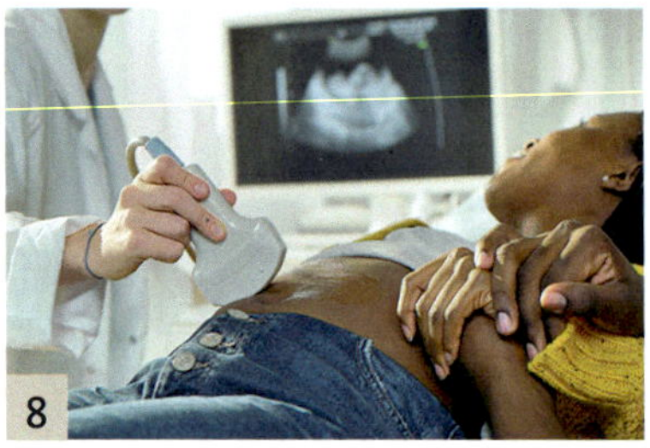
8

zur _______________ gehen

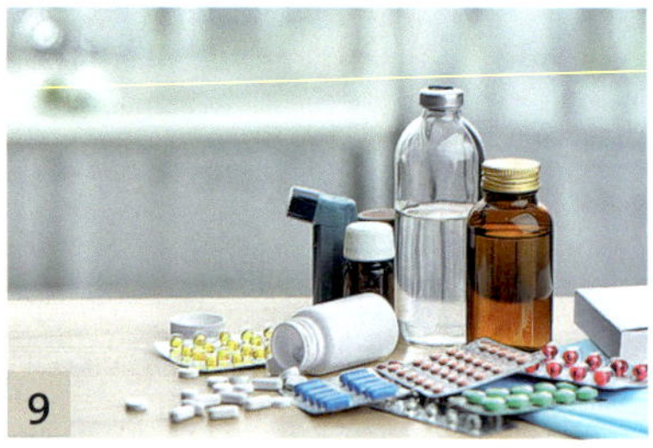
9

_______________ nehmen

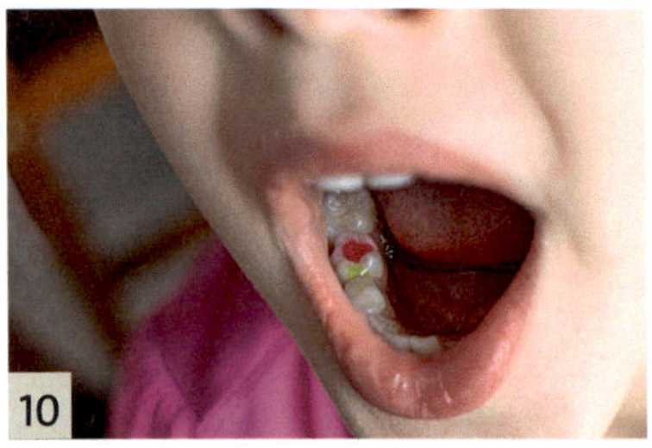
10

eine _______________ brauchen

11

_______________ machen

12

zur _______________ gehen

1 Wie geht es Ihnen?

1.64

1.1 Sehen Sie die Fotos 1 bis 12 an. Was passt? Ordnen Sie zu. Hören Sie dann. Kontrollieren Sie.

Allergie • Füllung • Medikamente • Operation • Rückenschmerzen • Rückentraining • schwanger • Selbsthilfegruppe • traurig • Untersuchung • verletzt • Zahnschmerzen

1.2 Was haben die Personen? Was sollten sie tun? Sprechen Sie zu zweit wie im Beispiel.

Ich denke, die Frau auf Foto 1 ist schwanger. Ja, sie sollte zur Untersuchung gehen.

2 Ich freue mich!

2.1 Was machen die Personen auf den Fotos 13 bis 21? Ordnen Sie zu.

sich ärgern • sich beeilen • sich bewegen • sich entspannen • sich freuen • sich gut fühlen • sich schlecht fühlen • sich langweilen • sich verabreden

1.65 **2.2 Hören Sie. Kontrollieren Sie.**

2.3 Warum? Arbeiten Sie zu dritt. Fragen Sie und antworten Sie wie im Beispiel.

Warum verabreden sich die Personen?

Ich glaube, sie wollen zusammen lernen.

Ich denke, sie verabreden sich, weil sie eine Feier planen.

2.4 Und Sie? Sprechen Sie zu zweit wie im Beispiel.

Wann freust du dich?

Ich freue mich, wenn ich meine Familie sehe. Wann ärgerst du dich?

Prüfungstraining

1 Lesen Teil 4 (DTZ)

1.1 Lesen Sie den Text einmal schnell.

Wo ist meine Gesundheitskarte?

Sie finden Ihre Gesundheitskarte nicht mehr? Das müssen Sie tun:

- Informieren Sie unbedingt Ihre Krankenkasse und beantragen Sie dort eine neue Karte.
- Die neue Gesundheitskarte bekommen Sie kostenlos. Das dauert meistens 14 Tage.
- Sie haben einen Arzttermin, aber die neue Karte ist noch nicht da? Das ist kein Problem. Sie bekommen dann von der Krankenkasse ein Dokument. Das Dokument ist die Bestätigung, dass Sie versichert sind.
- Zeigen Sie dieses Dokument bei der Anmeldung in der Arztpraxis.

1.2 Lesen Sie. Wo finden Sie die Informationen im Text? Markieren Sie in 1.1.

	richtig	falsch
1. Sie müssen Ihre neue Gesundheitskarte in der Arztpraxis beantragen.	☐	☐
2. Für die neue Gesundheitskarte muss man nichts bezahlen.	☐	☐
3. Sie können nur zum Arzt gehen, wenn Sie die neue Karte haben.	☐	☐

1.3 Richtig oder falsch? Lesen Sie noch einmal. Kreuzen Sie in 1.2 an.

1.4 Bereit? Lesen Sie die Tipps. Lösen Sie die Prüfungsaufgabe.

Lesen Sie zuerst die Überschrift und den Text einmal schnell.
Lesen Sie dann die Aufgaben. Suchen Sie die Informationen im Text.
Kreuzen Sie dann an: richtig oder falsch.

Und jetzt wie in der Prüfung!

1.5 Richtig oder falsch? Lesen Sie. Kreuzen Sie an.

Hohe Kosten für Zahnbehandlung

Sie brauchen eine Zahnbehandlung, aber Sie haben nicht genug Geld? Wir haben Tipps für Sie! Wenn Sie nach der Behandlung eine hohe Rechnung bekommen und Sie diese nicht sofort bezahlen können, können Sie die Kosten teilen. Dann zahlen Sie jeden Monat einen Teil von dem Gesamtpreis. Sie haben zwei Möglichkeiten:

Möglichkeit A
Sie bezahlen die Rechnung in den nächsten sechs Monaten. Dann ändert sich der Gesamtpreis nicht. Fragen Sie in der Zahnarztpraxis und vereinbaren Sie gemeinsam: Ab wann und wie viel im Monat zahlen Sie?

Möglichkeit B
Wenn Sie die Rechnung nicht in den nächsten sechs Monaten bezahlen können, gibt es noch eine zweite Möglichkeit: Sie haben ein Jahr Zeit für die Zahlung. Auch bei dieser Möglichkeit zahlen Sie jeden Monat einen Teil. Aber Vorsicht! Bei dieser Möglichkeit gibt es eine Gebühr. Sie zahlen dann 5 % von den Gesamtkosten mehr.

	richtig	falsch
1. Rechnungen vom Zahnarzt müssen Sie immer sofort bezahlen.	☐	☐
2. Wenn Sie sechs Monate lang zahlen, gibt es keine Gebühr.	☐	☐
3. Bei der zweiten Möglichkeit ändert sich der Gesamtpreis.	☐	☐

2 Hören Teil 4 (DTZ)

2.1 Lesen Sie die Sätze (a–f). Was ist das Thema? Kreuzen Sie an.

1. ☐ Home-Office: Was ist (nicht) gut? 2. ☐ Tipps für das Home-Office

a Im Home-Office hat man weniger Platz und die Ausstattung ist nicht so gut wie im Büro.

b Im Home-Office arbeitet man manchmal weniger als 8 Stunden pro Tag.

c Auch im Home-Office hat man viel Kontakt mit Kolleginnen und Kollegen.

d Im Home-Office kann man auch private Dinge erledigen.

~~e Arbeiten von zu Hause ist praktisch, denn da ist es leise und man kann mehr erledigen.~~

f Für die Arbeit zu Hause braucht man gutes Internet.

2.2 Lesen Sie die Sätze genau. Welche Wörter sind wichtig? Markieren Sie in 2.1.

1.66 **2.3 Welche Sätze (a–f) passen zu den Meinungen (1–3)? Hören Sie. Ordnen Sie zu.**

Beispiel: c

1. ☐

2. ☐

3. ☐

2.4 Bereit? Lesen Sie die Tipps. Lösen Sie die Prüfungsaufgabe.

Lesen Sie einmal alle Sätze schnell. Was ist das Thema?
Ein Satz ist als Beispiel markiert. Streichen Sie diesen Satz durch.
Lesen Sie alle Sätze genau. Markieren Sie wichtige Wörter.
Hören Sie. Wie wird es gesagt? Achten Sie auf Ihre Markierungen und auf ähnliche Wörter.
Ordnen Sie zu. Zwei Sätze passen nicht.

Und jetzt wie in der Prüfung!

1.67 **2.5 Welche Sätze (a–f) passen zu den Meinungen (1–3)? Hören Sie. Ordnen Sie zu.**

Beispiel: c

1. ☐

2. ☐

3. ☐

a Für Leute mit Kindern ist eine Vier-Tage-Woche sehr praktisch.

b Die Arbeitnehmer/-innen schaffen mehr, wenn sie nicht jeden Tag arbeiten.

c Man muss auch die Aufgaben reduzieren.

d Weniger Arbeitszeit ist besser für die Gesundheit.

e Arbeitnehmer/-innen haben mehr Zeit für Freizeitaktivitäten.

f Bei einer Vier-Tage-Woche ändert sich das Gehalt nicht.

Training: Lesen und Schreiben

1 Ich muss dir etwas erzählen ...

1.1 Was ist das Thema? Lesen Sie. Kreuzen Sie an.

1. ☐ Kleidung verkaufen 2. ☐ Endlich schwanger 3. ☐ Umzug nach Bonn

Liebe Maria,

sorry, dass ich lange nicht geschrieben habe. Wir sind umgezogen und es war sehr stressig. Ich muss dir etwas erzählen: Arno und ich bekommen endlich ein Baby! Ich hatte letzte Woche eine Untersuchung und alles sieht gut aus. Wir freuen uns sehr! Ich gehe nächste Woche mit meiner Mama Kleidung für das Baby kaufen. Hast du vielleicht noch alte Kleidung von deinem Sohn? Denn es ist leider alles sehr teuer. Und wie geht es dir in Bonn? Besuchst du uns, wenn du wieder in Köln bist?

Liebe Grüße
Esma

1.2 Lesen Sie die Aufgabe. Was ist wichtig? Markieren Sie.

1. Esma und ihre Mutter ...

a ☐ gehen zum Arzt. b ☐ fahren nach Bonn. c ☐ kaufen Babykleidung.

1.3 Was ist richtig? Lesen Sie noch einmal in 1.1. Kreuzen Sie in 1.2 an.

1.4 Bereit? Lesen Sie die Tipps.
Lösen Sie die Aufgabe 1.5.

Lesen Sie den Text einmal schnell. Was ist das Thema?
Lesen Sie die Aufgaben genau. Markieren Sie wichtige Wörter.
Wo finden Sie die Informationen im Text?
Was ist richtig? Lesen Sie genau. Kreuzen Sie an.

Und jetzt Sie!

1.5 Was ist richtig? Lesen Sie. Kreuzen Sie an.

Liebe Darina,

wie war die Operation? Ich hoffe, du hast keine Probleme mehr mit deinem Bein. Meine Kopfschmerzen sind endlich weg, denn ich trage seit einer Woche eine Bildschirmbrille. Meine Firma hat sie bezahlt. Aber weil mein Rücken immer noch weh tut, benutze ich jetzt eine App für Rückentraining. Das ist praktisch, denn so kann ich in der Pause schnell ein paar Übungen machen. Und: Die Kosten bekomme ich von der Krankenkasse zurück. Seit drei Wochen gehe ich auch regelmäßig ins Schwimmbad. Den Eintritt zahle ich selbst. Du schwimmst auch schon seit zwei Jahren im Verein, oder? Wollen wir nächste Woche zusammen schwimmen gehen?

Eva

1. Eva hat immer noch ...
a ☐ Kopfschmerzen.
b ☐ Beinschmerzen.
c ☐ Rückenschmerzen.

2. Die Krankenkasse zahlt ...
a ☐ die Brille.
b ☐ die App.
c ☐ das Schwimmtraining.

3. Eva schwimmt seit ...
a ☐ einer Woche.
b ☐ zwei Jahren.
c ☐ drei Wochen.

2 Bitte füllen Sie das Formular aus.

2.1 Welche Informationen fehlen im Formular? Markieren Sie.

Patientenbogen — **Hausärzte Müller & Lehman**

Name, Vorname: ______________________ (1)

Geburtsdatum; -ort: 23.12.1981; ______________ (2)

Straße, Hausnr.: ______________________ (3)

PLZ, Ort: ______________________ (4)

Nehmen Sie Medikamente?

[X] ja [ ] nein

Wenn ja, welche?

______________________ (5)

2.2 Wo stehen die Informationen? Lesen Sie. Markieren Sie. Ergänzen Sie in 2.1.

Hilfe und Betreuung zu Hause
• *mobiler Pflege-Service* •
Elen Perovic
Elbstraße 17 • 95028 Hof

Elen kommt aus Slowenien. Sie ist im Dezember 1981 in Bled geboren. Sie hat oft starke Kopfschmerzen. Die Paramol-Tabletten darf sie nicht nehmen, denn sie hat eine Allergie. Seit einem Jahr nimmt sie regelmäßig Ibotan-Tabletten.

2.3 Bereit? Lesen Sie die Tipps. Lösen Sie die Aufgabe 2.4.

Welche Informationen fehlen im Formular? Markieren Sie.
Lesen Sie die Texte genau. Wo finden Sie die Informationen?
Markieren Sie. Ergänzen Sie dann das Formular.

Und jetzt Sie!

2.4 Welche Informationen fehlen? Lesen Sie. Ergänzen Sie.

Ihr Freund möchte sich für ein Fitnessstudio anmelden. Er hat den Kursplan gelesen und findet „Fit mit Bauchtraining" interessant. Weil er Vollzeit arbeitet und Kinder hat, hat er nur zweimal pro Woche Zeit.

Fitness für alle!

Anmeldeformular

Name, Vorname: Rizzi, Aldo

Straße, Hausnr.: ______________________ (1)

PLZ, Ort: ______________________ (2)

Bank: ______________________ (3)

Kontonummer: DE02300209000106531065

Möchten Sie einen Kurs machen?

[ ] nein [X] ja

Wenn ja, welchen? ______________________ (4)

Wie oft möchten Sie pro Woche trainieren?

______________________ (5)

9 Große und kleine Dinge

A Die bunte Vase ist toll.

der Topf, Töpfe ______

die Pfanne, Pfannen ______

das Brett, Bretter ______

die Schüssel, Schüsseln ______

die Kanne, Kannen ______

die Tischdecke, Tischdecken ______

die Vase, Vasen ______

das Besteck *(Sg.)* ______

die Dose, Dosen ______

die Kerze, Kerzen ______

das Geschirr *(Sg.)* ______

die Sache, Sachen ______

1 Auf dem Flohmarkt

1.1 Was kann man hier kaufen? Schreiben Sie.

1. Es gibt Besteck. Man kann auch drei ... kaufen.

1.68 **1.2 Was ist richtig? Hören Sie. Kreuzen Sie an.**

Samira und Elsa besuchen den Flohmarkt als **a** ☐ Käuferinnen **b** ☐ Verkäuferinnen

1.68 **1.3 Hören Sie noch einmal. Korrigieren Sie.**

1. Elsa möchte die Kinderkleidung verkaufen, weil sie alt ist. ______
2. Samira hat Töpfe und Pfannen für den Flohmarkt. ______
3. Samira möchte Geschirr verkaufen, weil sie es nicht schön findet. ______
4. Elsa und Samira müssen Frau Arabuli bis Montag informieren. ______
5. Sie müssen zehn Euro bezahlen und zwei Kuchen mitbringen. ______

2 Wie viel kostet der große Topf?

2.1 Was passt? Ordnen Sie zu.

a Die kleine Kanne kostet 15 Euro.
b Die roten Kerzen gefallen mir.
c Das alte Besteck ist sehr schön.
d Der große Topf ist praktisch.

2.2 Wie ist die Endung? Ergänzen Sie. Übung 2.1 hilft.

1. Der Topf ist groß. — der große Topf
2. Das Besteck ist alt. — das alt___ Besteck
3. Die Kanne ist klein. — die klein___ Kanne
4. Die Kerzen sind rot. — die rot___ Kerzen

2.3 Wo brauchen Sie eine Endung? Wo nicht? Ergänzen Sie: *e*, *en* oder *x*.

1. Die blaue Vase ist schönx.
2. Wie viel kosten die bunt___ Sachen?
3. Wie gefällt dir der weiß___ Schrank?
4. Das alt___ Fahrrad ist billig___.
5. Wie gefallen dir die groß___ Gläser?
6. Der klein___ Tisch ist günstig___.
7. Die bunt___ Tischdecke ist lustig___.
8. Wie viel kostet die groß___ Pfanne?

2.4 Was gefällt Ihnen am besten? Wie viel kostet es? Sprechen Sie wie im Beispiel.

Mir gefällt die bunte Tischdecke am besten. Wie viel kostet die bunte Tischdecke?
Die bunte Tischdecke kostet zwölf Euro.

2.02 **2.5 Phonetik: Endung: *-e*. Hören Sie. Ergänzen Sie.**

Wie finden Sie dies___ klein___ weiß___ Vas___?
O ja, das ist ein___ schön___ Vas___, die kauf___ ich!

2.02 **2.6 Hören Sie noch einmal. Sprechen Sie nach.**

3 Wir machen einen Flohmarkt.

Was passt? Ordnen Sie zu.

Schau mal hier • In Ordnung. • Ich kann aber fragen. • Das ist zu wenig. • Ja, die ist praktisch. • Oh, das ist sehr teuer.

- ______, (1) die große Pfanne.
- ______ (2) Wie viel kostet sie?
- Ich weiß nicht. ______ (3) Entschuldigung, wie viel kostet die Pfanne?
- Die Pfanne kostet 15 Euro.
- ______ (4) Sagen wir: zehn Euro?
- ______ (5) Zwölf Euro.
- ______ (6) Hier haben Sie zwölf Euro, bitte schön.

B Das ist mir unangenehm.

fallen ______

altmodisch ______

rund ______

eckig ______

der Lautsprecher, Lautsprecher ______

______

der Staubsauger, Staubsauger ______

______

aus|wählen ______

Oje, tut mir sehr leid!

Das ist mir wirklich peinlich.

Kein Problem, das kann passieren.

Das macht nichts. / Das ist nicht schlimm.

Alles gut.

Mensch, passen Sie / pass doch auf!

Na toll! Was machen Sie / machst du da?

Oh Mann, das kann nicht wahr sein!

Man muss doch aufpassen!

1 Das kann passieren.

1.1 Was passt? Lesen Sie. Ordnen Sie zu.

~~Entschuldigung~~ • gut • leid • nichts • Mann • peinlich • Problem • schlimm • sorry • toll • wahr

1. ☐ Oh, nein! *Entschuldigung* !
   - Oh ______, das kann doch nicht ______ sein!
   - Tut mir sehr ______! Ich habe nicht aufgepasst.
   - Na ______! Jetzt ist der Teller kaputt!

2. ☐ Oh, ______________ !

Kein ______________ . Das macht ______________ .

Das ist mir wirklich ______________ !

Alles ______________ . Das ist nicht ______________ .

1.2 In welchem Dialog reagiert eine Person unfreundlich? Kreuzen Sie in 1.1 an.

2 Oje, tut mir sehr leid.

2.03

Diktat. Hören Sie. Schreiben Sie. Sie hören den Text zweimal.

Jana, ______________ (1), dass ich deine ______________ (2) kaputt gemacht habe! ______________ (3) und dann ist sie auf den Boden gefallen. Du hast gesagt, dass das nicht schlimm ist, aber ______________ . (4) Ich weiß, ______________ , (5) aber ich habe eine neue Tasse für dich gekauft. Trinken wir einen Kaffee? Dann kannst du ______________ (6) benutzen!

3 Nehmen wir den roten Staubsauger?

Wiederholung: Nominativ oder Akkusativ? Was ist richtig? Markieren Sie.

1. Wie teuer ist *der/den* Drucker?
2. Kaufst du *der/den* Lautsprecher?
3. Wie findest du *der/den* Fernseher?
4. Wie gefällt dir *der/den* Computer?
5. Wir nehmen *der/den* Wasserkocher.

Welche Verben sind mit Nominativ, welche mit Akkusativ? Markieren Sie.

3.1 Welchen Staubsauger bestellen Maryam und Samuel? Lesen Sie. Kreuzen Sie auf S. 112 an.

Samuel 10:13
Maryam, beim *Technik Markt* sind Staubsauger im Angebot. Ich schicke dir den Link: www.technik-markt@example.org. Schau doch mal auf die Seite. Welchen wollen wir nehmen? Mir gefällt der rote, runde Staubsauger sehr gut.

Maryam 10:20
Ja, der sieht gut aus, aber ich finde den gelben Staubsauger besser: Der ist nicht so groß und er ist leicht.

Samuel 10:24
Hm, der gelbe Staubsauger gefällt mir gar nicht und er ist sehr teuer. Wollen wir dann vielleicht den weißen, eckigen Staubsauger nehmen? Der ist auch klein und günstig.

Maryam 10:25
Einverstanden. Wenn du ihn dann auch benutzt? ;-)

Maryam und Samuel bestellen ...

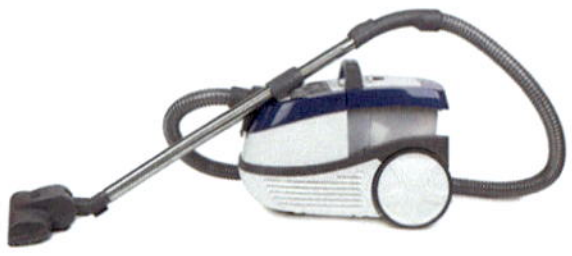

a ☐ den gelben Staubsauger. b ☐ den weißen Staubsauger. c ☐ den roten Staubsauger.

3.2 Was ist richtig? Kreuzen Sie an.

1. Ich nehme ☐ der moderne Staubsauger. ☐ den modernen Staubsauger.
2. Wie gefällt dir ☐ der graue Fernseher? ☐ den grauen Fernseher?
3. Kaufst du ☐ der kleine Computer? ☐ den kleinen Computer?
4. Wie viel kostet ☐ der große Drucker? ☐ den großen Drucker?

3.3 Ergänzen Sie.

1. Der kleine, runde Tisch gefällt Lia, der große Tisch gefällt Silvan. Lia und Silvan wählen den ________, ________ (*groß, rund*) Tisch.
2. Das graue Radio kostet 59 Euro? Dann nehme ich das ________ (*weiß*) Radio für 49 Euro.
3. Die runde Uhr ist schön, aber die eckige Uhr auch. Ich kaufe die ________ (*eckig*) Uhr.
4. Gefallen dir die kleinen Kopfhörer? Oder möchtest du die ________ (*groß*) Kopfhörer?

3.4 Was gefällt Ihnen besser? Was kaufen Sie? Schreiben Sie wie im Beispiel.

1

2

3

4

1. Das weiße Handy gefällt mir besser. Ich kaufe das weiße Handy.

3.5 Wie finden Sie die Kleidung? Fragen Sie und antworten Sie wie im Beispiel.

1

2

3

4

5

6

7

8

9

10

- Wie gefällt/gefallen dir der/die/das ...?
- Mir gefällt ... sehr gut/nicht so gut/...
- Wie findest du den/die/das ...?
- Ich finde ... praktisch/altmodisch/schön/ ...

C Was schenken wir?

der Stoff, Stoffe: aus Stoff ______

das Plastik *(Sg.)* ______

das Holz *(Pl. selten)* ______

das Leder *(Sg.)* ______

das Metall *(Pl. selten)* ______

das Glas *(Sg.)* ______

das Gummi *(Sg.)* ______

die Wolle *(Sg.)* ______

das Spielzeug *(Pl. selten)* ______

das Skateboard, Skateboards ______

das Brettspiel, Brettspiele ______

die Puppe, Puppen ______

der Teddy, Teddys ______

der Bauklotz, Bauklötze ______

die Gitarre, Gitarren ______

der Ball, Bälle ______

das Bilderbuch, Bilderbücher ______

______

der Buntstift, -stifte ______

die Eisenbahn *(Pl. selten)* ______

aus|geben ______

aus|packen ______

die Tüte, Tüten ______

die Klasse, Klassen ______

sich unterhalten (über) ______

der Namenstag, -tage ______

1 Ich schenke meinem Kind immer viel.

1.1 Was ist auf den Fotos? Schreiben Sie.

1 

2 

3 

4 

5 

6 

7 

8 

9 

10 

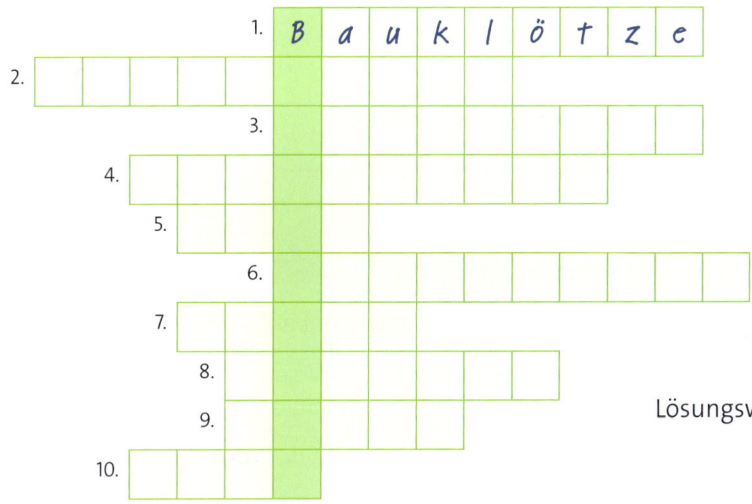

Lösungswort: ______

1.2 **Welche Materialien sind das? Ergänzen Sie. Die Wortliste hilft.**

1  Leder

2  ____

3  ____

4 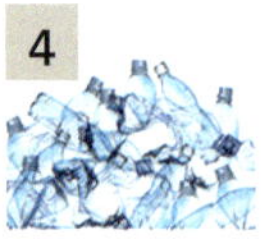 ____

5  ____

6  ____

7  ____

8  ____

1.3 **Aus welchem Material sind die Dinge? Schreiben Sie. Übung 1.2 hilft.**

1 

8,99 €
BILDERBUCH
Stoff

2 

9,99 €
FLUGZEUG
____

3 

9,95 €
FINGERPUPPEN
____

4 

19,95 €
BASKETBALL
____

5 

12,99 €
KINDER-WERKZEUG
____

6 

4,50 €
MURMELN
____

7 

7,50 €
TREPPENLÄUFER
____

8 

35,99 €
BOXHANDSCHUHE
____

1.4 **Was sehen Sie in Ihrem Zimmer? Aus welchem Material sind die Dinge? Schreiben Sie fünf Sätze.**

Meine Schuhe sind aus Leder. Mein Tisch ist aus …

2.04

1.5 Prüfung: Hören. **Welche Sätze (a–f) passen zu den Meinungen (1–3)? Hören Sie. Ordnen Sie zu. Drei Sätze passen nicht.**

1. ☐ 2. ☐ 3. ☐

a Ein Geschenk zeigt, dass man den Geburtstag nicht vergessen hat.

b Erwachsene sollten immer teure Geschenke zum Geburtstag bekommen.

c Es ist wichtig, dass man Kindern etwas zum Geburtstag schenkt.

d Eine Geburtstagsparty mit Familie und Freunden ist wichtig.

e Alle sollten ein Geschenk bekommen, auch wenn sie schon alles haben.

f Kollegen/Kolleginnen sollte man nur etwas schenken, wenn man sie gut kennt.

1.6 Was denken Sie über Feste und Geschenke? Schreiben Sie.

1. Ich finde bei einem Fest (nicht) wichtig, dass ____

____.

2. Geschenke finde ich (nicht) wichtig, weil ____

____.

3. Wenn ich Geburtstag habe, ____

____.

1.7 Arbeiten Sie zu zweit. Fragen Sie und antworten Sie zum Thema „Geschenke".

Geschenke **Was?**	*Geschenke* **Warum?**	*Geschenke* **Für wen?**
Geschenke **Wie teuer?**	*Geschenke* **Wann?**	*Geschenke* **Wo?**
Geschenke **... ?**	*Geschenke* **... ?**	*Geschenke* **... ?**

Wann hast du das letzte Mal ein Geschenk gekauft?

2 Was feiern Laura, Hua und Anton?

2.05

Was ist richtig? Hören Sie. Kreuzen Sie an.

1. ☐ In Spanien feiert man am 19.10. den Namenstag von Laura.
2. ☐ Laura feiert ihren Geburtstag nicht.
3. ☐ Anton und Hua haben kein Geschenk für Laura.
4. ☐ Früher hat man in Deutschland den Geburtstag und den Namenstag gefeiert.
5. ☐ In China feiert man auch den Namenstag.
6. ☐ Der Name „Hua" bedeutet „Blume".

3 Wie haben Sie als Kind gefeiert?

3.1 Was feiern die Personen? Schreiben Sie.

die Geburt

____

____

____

____

3.2 Schreiben Sie Antworten. Sprechen Sie zu zweit. Tauschen Sie dann die Rollen.

Welches Fest haben Sie als Kind gerne gefeiert?

____.

Mit wem haben Sie gefeiert?

____.

Wo war die Feier?

____.

Was haben Sie gemacht?

____.

Was war besonders schön?

____.

Richtig schreiben

1 Der große Teller ist praktisch.

Was ist richtig: -*e* oder -*er*? Ergänzen Sie.

1. Bäll____ aus Led____ sind teu____ .
2. Ich nehme imm____ eine Tüt____ mit, wenn ich einkaufen gehe.
3. Ich geb____ pro Monat 30 Euro für Büch____ aus.
4. Ich pack____ meine Geschenk____ lieb____ alleine aus.
5. Ich lad____ alle aus mein____ Klass____ ein.
6. Ich kauf____ gern Spielzeug für meine Kind____ .

2 Das war eine schöne Feier.

2.1 Eine Hochzeit, Silvester, ein Geburtstag, …? Welche Feier war für Sie besonders schön? Machen Sie Notizen.

1. Welche Feier? ____________________
2. Wann und wo? ____________________
3. Wie lange? ____________________
4. Mit wem? ____________________
5. Was gemacht? ____________________

2.2 Welche Feier war für Sie besonders schön? Schreiben Sie.

Meine Hochzeit war sehr schön. Ich habe vor fünf Jahren in Sofia geheiratet.

Alles klar?

1 Wortschatz

1.1 Wie heißt das Gegenteil? Schreiben Sie. (1 Punkt)

1. teuer ≠ billig 2. rund ≠ ______ 3. modern ≠ ______

1.2 Was ist das? Schreiben Sie. (4 Punkte)

1 
2 
3 
4 
5 

Das ist ... 1. eine Vase aus Glas .

2. ______ .

3. ______ .

4. ______ .

5. ______ . ___/5 Punkte

0–3 Punkte? Bitte noch üben!

2 Grammatik

Wie ist die Endung? Ergänzen Sie. (5 Punkte)

1. Wie gefällt dir das blau___ Geschirr? Ich finde das blau___ Geschirr schön.
2. Benutzt du den rot___ Topf oft? Ja, der rot___ Topf ist mein Lieblingstopf.
3. Wie gefällt dir der rund___ Staubsauger? Der rund___ Staubsauger ist praktisch.
4. Der klein___ Lautsprecher ist toll! Ich finde den klein___ Lautsprecher nicht so toll.
5. Kaufst du die groß___ Teller? Ja, die groß___ Teller nehme ich. ___/5 Punkte

0–3 Punkte? Bitte noch üben!

3 Kommunikation

Was passt? Ordnen Sie zu. (10 Punkte)

aufgepasst • Entschuldigung • Fehler • leid • nichts • passieren • peinlich • Problem • schlimm • wahr

1. Oje, tut mir ______! Kein ______!
2. Oh, ______! Alles gut. Das ist nicht ______.
3. Das ist mir wirklich ______! Alles gut. Das kann ______.
4. Oh Mann, das kann nicht ______ sein! Sorry, ich habe nicht ______.
5. Sorry, das war mein ______! Ach, das macht ______. ___/10 Punkte

0–6 Punkte? Bitte noch üben!

10 Durch die Stadt

A Die Drogerie ist gegenüber vom Buchladen.

die Drogerie, Drogerien ______
die Boutique, Boutiquen ______
der Optiker, Optiker ______
der Juwelier, Juweliere ______
der Schreibwarenladen, Schreibwarenläden ______
______
die Buchhandlung, Buchhandlungen ______
______
das Elektrogeschäft, -geschäfte ______
die Zahnpasta, Zahnpasten ______
das Ladekabel, Ladekabel ______
der Anspitzer, Anspitzer ______

der Ring, Ringe ______
das Shampoo, Shampoos ______
das Parfüm, Parfüms ______
die Creme, Cremes ______
der Stift, Stifte ______
an ... vorbei ______
gegenüber von ______

Weißt du, wo ich ... kaufen kann?
Entschuldigung, können Sie mir sagen, wo ...?
Gehen Sie hier am/an der ... vorbei.
Der/Das/Die ... ist gegenüber vom / von der ...

1 Weißt du, wo ich ein Ladekabel kaufen kann?

1.1 Wie heißen die Gegenstände? Schreiben Sie.

1

______

2

______

3

______

4

______

5

______

6

______

7

______

8

______

1.2 **Welche Gegenstände sind hier? Markieren Sie. Schreiben Sie mit Artikel.**

HANDYTASCHEKLEIDHEFTLAPTOPTASTATURSCHUHBLUSEFERNSEHEROBST

das Handy, ...

1.3 **Wie heißen die Geschäfte? Ergänzen Sie.**

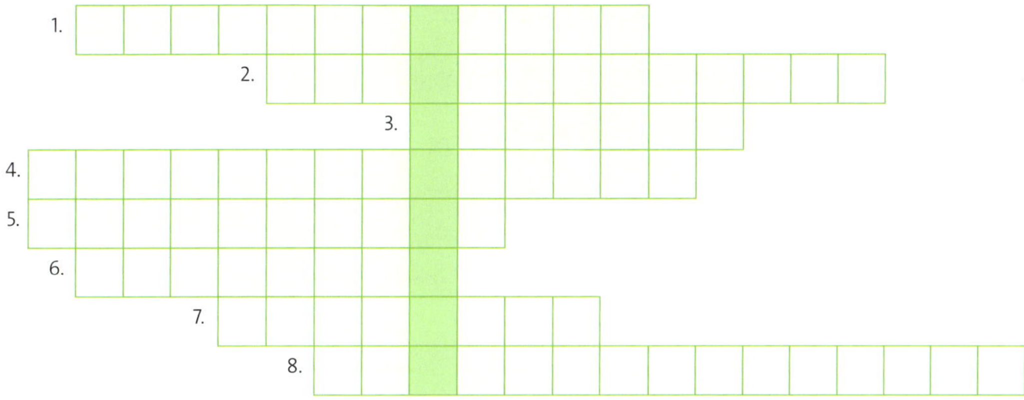

Lösung: Zahnpasta und Shampoo kaufe ich immer in einer __ __ __ __ __ __ __ __ .

2 Gehen Sie am Sportladen vorbei.

2.1 **Wo kann man das kaufen? Schreiben Sie.**

1. Das neue Buch von Kati Naumann kaufe ich morgen in der ____________________ *Schmitz*.

2. Meine Brille ist kaputt. Ich gehe zum ____________ .

3. Bari geht ins ________________, weil er neue Fußballschuhe braucht.

4. Meine Tochter braucht Hefte für die Schule. Ich muss in den ________________________ gehen.

5. Creme und Parfüm kann man in der __________________ kaufen.

2.06 **2.2** **Phonetik: *sp, st*. Hören Sie. Markieren Sie *sp* und *st*.**

die Spezialität – sich entspannen – Geld sparen – eine Fremdsprache sprechen

der Stift – der Stoff – einverstanden – stattfinden – eine Veranstaltung

2.06 **2.3** **Hören Sie noch einmal. Sprechen Sie nach.**

2.4 Prüfung: Lesen. **Im Einkaufszentrum: In welchen Stock gehen Sie? Lesen Sie. Kreuzen Sie an.**

	Einkaufszentrum *Alles da!*
4. Stock	Sportgeschäft – Elektrogeschäft – Toiletten – Schuhladen
3. Stock	Buchhandlung – Juwelier – Drogerie – Reparaturen von Uhren und Elektrogeräten
2. Stock	Spielecke für Kinder – Kleidung für Kinder – Spielzeugladen – Schuhladen *Kinderschuh*
1. Stock	Optiker – Schreibwarenladen – Boutique – Kochbücher – Geschenke
Erdgeschoss	Apotheke – Supermarkt – Blumenladen – Getränkemarkt – Gemüseladen

1. Sie möchten Gemüse kaufen.

a ☐ 1. OG b ☐ EG c ☐ anderes Stockwerk

2. Sie möchten eine Uhr für Ihre Frau kaufen.

a ☐ 3. OG b ☐ EG c ☐ anderes Stockwerk

3. Ihr Handy ist kaputt.

a ☐ 4. OG b ☐ 1. OG c ☐ anderes Stockwerk

4. Ihr Sohn braucht neue Schuhe.

a ☐ 1. OG b ☐ 3. OG c ☐ anderes Stockwerk

2.5 Was passt? *An ... vorbei* oder *gegenüber von*? Ergänzen Sie.

1. Die Personen laufen ______ den Autos ________ .

2. Die Haltestelle ist ______________ dem Gebäude.

2.6 Was passt? Lesen Sie. Ordnen Sie zu.

gegenüber von • neben • zwischen • an ... vorbei

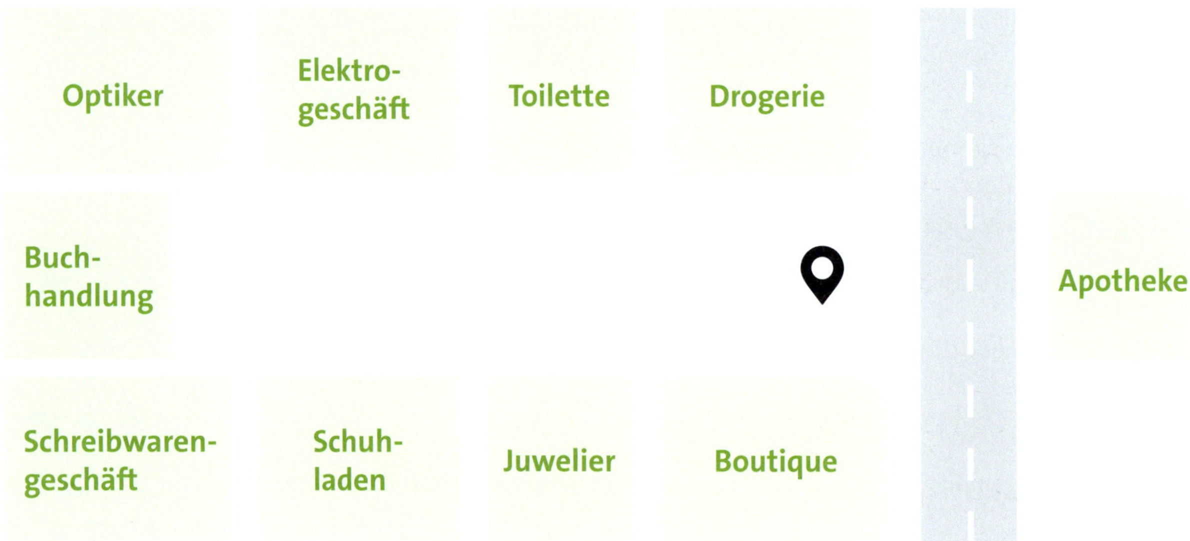

1. Der Juwelier ist ______________ der Boutique.

2. Der Schuhladen ist ______________ dem Schreibwarengeschäft und dem Juwelier.

3. Die Apotheke ist ______________ dem Einkaufszentrum.

4. Zum Elektrogeschäft? Gehen Sie ______________ der Drogerie und der Toilette ______________ .

3 Können Sie mir sagen, wo es hier ... gibt?

3.1 Wie kommt man zum/zur ...? Schreiben Sie Antworten. Sprechen Sie zu zweit. Tauschen Sie dann die Rollen. Der Plan in 2.6 hilft.

Entschuldigen Sie, wissen Sie, wo ich hier eine Brille kaufen kann?

____

____.

Alles klar, danke! Und könnten Sie mir auch sagen, wo hier in der Nähe eine Toilette ist?

____

____.

Super, vielen Dank und einen schönen Tag!

3.2 Wo kaufen Sie (nicht) gern ein? Was kaufen Sie? Warum? Schreiben Sie.

Ich kaufe gern auf dem Markt ein, weil das Obst da immer frisch ist.

B Wissen Sie, ob ...?

die Führung, Führungen ____________

die Stadtführung, -führungen ____________

das Leben *(Sg.)* ____________

führen ____________

spannend ____________

die Sehenswürdigkeit, Sehenswürdigkeiten ____________

____

damals ____________

wählen ____________

existieren ____________

Wissen Sie / Weißt du, ob ...?

Können Sie / Kannst du mir sagen, ob ...?

Ich möchte wissen, ob ...

1 Möchten Sie die Stadt mit anderen Augen sehen?

1.1 Was passt? Verbinden Sie.

1. eine Stadt
2. im Hotel
3. eine Stadtführung
4. von Sehenswürdigkeiten
5. nach Berlin
6. als Stadtführerin
7. Eintritt

a ziehen
b arbeiten
c besichtigen
d machen
e erzählen
f übernachten
g bezahlen

1.2 Was passt? Ergänzen Sie.

Museen • Leben • Schlossgarten • Stadtführung • Sehenswürdigkeiten • Meer

Noras Blog × +

Hi, Leute! Ich bin Nora und komme aus Polen. Seit zwei Monaten lebe ich in Kiel, das liegt am ________ (1). Kiel ist eine schöne Stadt und hat ein paar interessante ________ (2). Letzte Woche habe ich an einer ________ (3) teilgenommen. Wir haben den Botanischen Garten und die Nikolaikirche besucht. Es gibt auch ein paar ________ (4) hier – zum Beispiel das Computerspielemuseum. Aber jetzt im Sommer bin ich lieber draußen, ich liege am Strand oder gehe in den ________ (5) und lese ein Buch.
Das ________ (6) hier gefällt mir sehr gut!

2 Wissen Sie, ob man im Stadtgarten grillen darf?

2.07 **2.1 Über welche Themen und Orte spricht Nora? Hören Sie. Kreuzen Sie an.**

- ☐ Kieler Woche
- ☐ Parks und Gärten
- ☐ das Zentrum von Kiel
- ☐ Einkaufszentrum
- ☐ wichtige Gebäude
- ☐ Orte für Kinder

2.07 **2.2 Was ist richtig? Hören Sie noch einmal. Kreuzen Sie an.**

1. ☐ Jedes Wochenende im Sommer gibt es Konzerte und Veranstaltungen.
2. ☐ Nora findet den Wochenmarkt zu groß.
3. ☐ Nora empfiehlt eine Fahrradtour am Meer.
4. ☐ Es gibt kostenlose Stadtführungen für neue Bewohner.

Wiederholung: indirekte Fragen. Wie fragen Sie? Schreiben Sie.

1. Wann fängt das Konzert an?

   Können Sie mir sagen, *wann* ________?

2. Wo ist in der Nähe ein Blumengeschäft?

   Wissen Sie, ________?

3. Wer kommt am Wochenende mit ins Kino?

   Kannst du mir sagen, ________?

4. Wie lange ist das Museum geöffnet?

   Weißt du, ________?

2.3 Lesen Sie. Was ist richtig? Kreuzen Sie an.

Hey! Alfie hat heute Geburtstag und ich will ein Geschenk für ihn kaufen. Weißt du, ob er gerne liest? Ich habe im Radio von einem interessanten Buch gehört. Kannst du mir sagen, ob es im Zentrum eine Buchhandlung gibt? Kommst du auch zu der Feier? Sag Bescheid, ob du Zeit hast. Er freut sich bestimmt!
Liebe Grüße
Gabriel

1. ☐ Gabriel hat heute Geburtstag.
2. ☐ Alfie sucht eine Buchhandlung.
3. ☐ Gabriel möchte ein Geschenk für Alfie kaufen.

2.4 Lesen Sie den Text noch einmal. Markieren Sie die Sätze mit *ob*. Ergänzen Sie.

Hauptsatz	Nebensatz	
1. Weißt du,	ob ______	liest?
2. Kannst du mir sagen,	ob ______	______?
3. Sag Bescheid,	ob ______	______.

2.5 Wie kann man noch fragen? Schreiben Sie.

1. Fährt die U3 zum Hauptbahnhof? – Wissen Sie, ______?
2. Darf ich hier rauchen? – Könnten Sie mir sagen, ______?
3. Gibt es in der Nähe einen Parkplatz? – Wissen Sie, ______?

3 Hier hat uns die Nähe zur Natur gefallen.

2.08 **3.1 Diktat. Hören Sie. Schreiben Sie. Sie hören den Text zweimal.**

Wir sind Maren und Luis Schier und wir kommen aus Wuppertal, das ist ______. (1) Vor zwanzig Jahren sind wir nach Leipzig Schleußig gezogen. Wir haben ______ (2) gearbeitet und hier hat uns die Nähe zur Natur gefallen. Jetzt arbeiten wir nicht mehr, aber ______ (3). Hier sind die besten ______ (4): Man kann ______ (5) oder am Fluss spazieren gehen. In Leipzig Schleußig gibt es viel Wasser ______. (6) Das finden Besucher ______. (7) Wir sind auch in einem Verein: Wir ______ (8) durch Schleußig und zeigen ihnen unsere Lieblingsorte. Das macht Spaß!

3.2 Was möchten Sie über Leipzig wissen? Schreiben Sie vier indirekte Fragen.

Kino • übernachten • Café • baden

Mich interessiert, ob ...

C Nala hat Heimweh.

das Heimweh *(Sg.)* ____________________

sich erinnern (an) ____________________

weinen ____________________

durch: durch die Stadt ____________________

über: über die Straße ____________________

spazieren gehen ____________________

schrecklich ____________________

die Katze, Katzen ____________________

der Fall, Fälle ____________________

auf jeden Fall ____________________

vermissen ____________________

eigentlich ____________________

1 Als Kind hatte ich oft Heimweh.

1.1 Welches Wort passt? Ordnen Sie zu.

erinnere • traurig • Heimweh • Verein • vermisst • erzähle • Spezialitäten

Vor zwei Jahren bin ich aus Hongkong nach Köln gekommen, weil ich hier einen Job bekommen habe. Ich ________ (1) mich noch gut: Am Anfang war ich sehr oft ________ (2), weil ich meine Freunde und Kollegen ________ (3) habe. Jetzt bin ich aber zufrieden. Ich habe viele Freunde hier und bin auch in einem ________ (4). Wenn ich manchmal ________ (5) habe, kaufe ich asiatische ________ (6) und koche. Das hilft! Oder ich spreche mit meiner guten Freundin Salma. Ich ________ (7) ihr von meinen Freunden.

1.2 Was tun Sie, wenn Sie Heimweh haben? Schreiben Sie.

1. Wenn ich Heimweh habe, dann ____________________.
2. Wenn ich traurig bin, dann ____________________.
3. Wenn ich meine Freunde vermisse, dann ____________________.

1.3 Wie heißen die Präpositionen? Ordnen Sie zu.

an ... vorbei • über • durch • gegenüber von ...

1

____

2

____

3

____

4

____

1.4 Wegbeschreibung: über oder durch? Schreiben Sie.

das Tor • ~~der Park~~ • die Brücke • die Straße

1 
2 
3 
4 

1. Gehen Sie durch den Park ________.
2. Der Mann geht ________.
3. Gehen Sie ________.
4. Die Frau läuft ________.

1.5 Wohin geht Natalie? Lesen Sie. Kreuzen Sie an.

Gehen Sie nach links und dann durch den Park.
Gehen Sie dann über die große Straße, immer geradeaus und am Schnitzelhaus vorbei.
Sie finden das Restaurant auf der linken Seite.

1. ☐ BurgerBüro
2. ☐ Sushi Sasha
3. ☐ Pizzeria Deliziosa

1.6 Natalie möchte lieber zum Restaurant *Suppenkönig* gehen. Wie muss sie gehen? Schreiben Sie.

Gehen Sie ...

2 Ich wollte viel lieber zu Hause sein.

2.1 Was passt? Ordnen Sie zu.

machen • gehen • ansehen • schicken • erzählen • vermissen

1. einen Fahrradausflug ________
2. sich eine Sehenswürdigkeit ________
3. die Freunde ________
4. einen Brief ________
5. spazieren ________
6. eine Geschichte ________

2.2 Tipps gegen Heimweh. Wer sagt was? Lesen Sie. Kreuzen Sie an.

Hilfe! Ich habe Heimweh! × +

Miri: Hi, Leute! Wie geht's euch? Mir geht es eigentlich gut, aber ich vermisse meine Freunde und meine zwei Katzen! Abends muss ich oft weinen. Was soll ich tun? Was hilft euch gegen Heimweh?

Francesco: Hi, Miri! Das kenne ich. Wenn ich traurig bin, rufe ich meine Freunde an. Wir telefonieren mit Video über Facetime oder Messenger. Das ist toll, denn wir sehen uns und können auch gemeinsam etwas machen, z. B. Musik hören oder zu Abend essen. Ich sehe auch gern Stories von meiner Familie auf Instagram. Dann weiß ich, was sie so machen. Das hilft mir immer!

Laura: Hi, Miri! Ja, Heimweh ist schrecklich. Wenn ich Heimweh habe, dann höre ich meine Lieblingsmusik oder ich backe! Ich habe ein Kuchenrezept von meiner Oma. Und was immer gut ist: Ich treffe Leute! Bleib nicht alleine zu Hause. Gehen wir gemeinsam spazieren? Wir können reden. Dann geht es dir bestimmt besser!

	Miri	Francesco	Laura
1. Es hilft mir, wenn ich mit meinen Freunden telefoniere.	☐	☐	☐
2. Wenn ich Heimweh habe, backe ich einen Kuchen.	☐	☐	☐
3. Ich muss weinen, wenn ich Heimweh habe.	☐	☐	☐
4. Es ist nicht gut, wenn man allein zu Hause ist.	☐	☐	☐
5. Meine Lieblingsmusik hilft bei Heimweh.	☐	☐	☐
6. Ich brauche Tipps gegen Heimweh.	☐	☐	☐

Richtig schreiben

1 Wir fahren später in die Stadt.

Was passt: *sp* oder *st*? Ergänzen Sie.

Wollen wir in die ___adt fahren? Ich brauche einen ___ift, einen An___itzer und Papier.

Ach nein, es ist schon ___ät. Ich will lieber ein bisschen ___ort machen und dann auf dem Sofa ent___annen. Das macht mehr ___aß!

2 Pawel hat Heimweh.

Antworten Sie Pawel. Schreiben Sie eine Nachricht. Geben Sie Tipps.

Pawel 21.12.
Hi! Oh Mann, ich bin seit einem Jahr hier, aber manchmal bin ich noch traurig. Ich vermisse meine Familie und mein Heimatdorf. Was hilft dir? Hast du vielleicht einen Tipp für mich? Und hast du heute Abend Zeit?

Hi, Pawel! Klar ...

Alles klar?

1 Wortschatz

Wie heißen die Wörter und die Geschäfte? Ergänzen Sie. (5 Punkte)

1. ______________ (huSche) können Sie in einem ______________________ kaufen.
2. Mein Sohn braucht eine neue ____________ (leBril). Wir gehen zum ___________.
3. Oh, ich habe keine ______________ (pasZahtan) mehr. Ich gehe in eine ______________.
4. Liam braucht ein __________ (efHt). Geh bitte noch in den ____________________.
5. Mein ______________ (kaLadebel) ist kaputt. Ich gehe in ein __________________.

___ /5 Punkte

0–3 Punkte? Bitte noch üben!

2 Grammatik

Wie kann man höflich fragen? Schreiben Sie. (5 Punkte)

1. Sind Hunde in diesem Restaurant erlaubt? – Wissen Sie, ob ______________________________?
2. Ist der Eintritt kostenlos? – Entschuldigung, weißt du, ob ______________________________?
3. Gibt es hier eine Tankstelle? – Ich möchte wissen, ob ______________________________.
4. Sind noch Plätze in dem A2-Kurs frei? – Wissen Sie, ob ______________________________?
5. Ist das Geschäft heute geöffnet? – Weißt du, ob ______________________________?

___ /5 Punkte

0–3 Punkte? Bitte noch üben!

3 Kommunikation

Was passt? Ordnen Sie zu. (10 Punkte)

wissen Sie • Gehen Sie • gegenüber vom • Können Sie mir sagen • gehen über • gehen durch

- Entschuldigung, ich bin neu hier und das Zentrum ist sehr groß. ______________________, wo die Volkshochschule ist?
- Die Volkshochschule ist nicht weit. ____________ an der Kirche vorbei und dann geradeaus. Die VHS ist ______________________ *Hotel Schlosspark*.
- Vielen Dank. Und ____________________, wie ich dann zum Bahnhof gehen muss?
- Das ist einfach: Neben der VHS ist ein Park. Sie ______________ den Park und nach rechts. Sie ______________ die Kreuzung. Dann stehen Sie vor dem Bahnhof.

___ /10 Punkte

0–6 Punkte? Bitte noch üben!

Wichtige Wörter

Gummi

1 Die Schüssel aus Glas ist schön.

1.1 Welche Materialien sind auf den Fotos 1 bis 8? Schreiben Sie.

2.09 **1.2 Hören Sie. Kontrollieren Sie.**

1.3 Wie gefallen Ihnen die Dinge? Sehen Sie das Foto oben an. Sprechen Sie zu zweit.

Welche Tischdecken findest du besser – die aus Plastik oder die aus Stoff?

Die aus Plastik sind sehr praktisch, aber mir gefallen die roten Tischdecken aus Stoff besser.

1.4 Welche Dinge gibt es im Kursraum? Arbeiten Sie zu viert. Sprechen Sie wie im Beispiel.

Das Ding ist grün und aus Holz.

Der grüne Stuhl?

Ja!

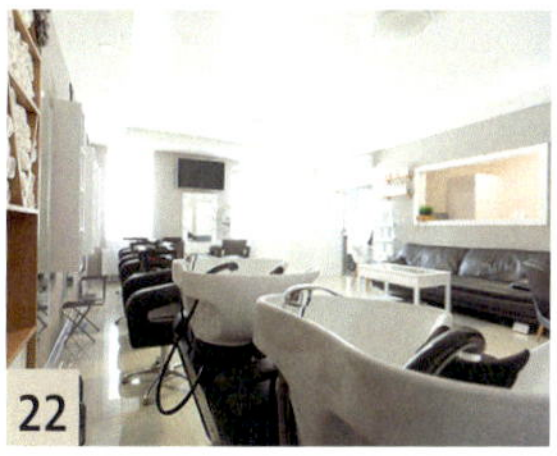

2 Ladekabel gibt es im Elektrogeschäft.

2.1 Welche Geschäfte und Orte sind auf den Fotos 9 bis 24? Schreiben Sie.

2.10 **2.2 Hören Sie. Kontrollieren Sie.**

2.3 Was kaufen Sie wo? Sprechen Sie zu zweit wie im Beispiel.

einen Anspitzer • Bauklötze • Blusen • eine Brille • Brot • Bücher • Gemüse • Geschirr • Hosen • ein Ladekabel • Reis • einen Ring • Shampoo • Sportschuhe • einen Staubsauger • Stifte • Töpfe • Zahnpasta • ...

Wenn ich ein Ladekabel kaufen möchte, dann bestelle ich es im Internet.

Ich nicht. Ich gehe lieber ins Elektrogeschäft. Wo kaufst du ...?

Prüfungstraining

1 Hören Teil 3 (DTZ)

1.1 Wie ist die Situation? Was ist wichtig? Lesen Sie. Markieren Sie.

	richtig	falsch
Tarek ist mit seinem Sohn im Supermarkt.	☐	☐

2.11 **1.2 Richtig oder falsch? Hören Sie. Kreuzen Sie in 1.1 an.**

1.3 Welche Informationen sind wichtig? Lesen Sie. Markieren Sie.

Was braucht Anna?

a ☐ Druckerpapier. b ☐ Fußballschuhe. c ☐ Schreibwaren für die Uni.

2.11 **1.4 Was ist richtig? Hören Sie noch einmal. Kreuzen Sie in 1.3 an.**

1.5 Bereit? Lesen Sie die Tipps. Lösen Sie die Prüfungsaufgabe.

Lesen Sie zuerst die Aufgaben. Was ist wichtig? Markieren Sie.
Hören Sie dann genau. Achten Sie auf Ihre Markierungen.
Was ist richtig? Kreuzen Sie an.
Sie hören die Texte nur *einmal*. Kreuzen Sie immer etwas an.

Und jetzt wie in der Prüfung!

2.12 **1.6 Was ist richtig? Hören Sie. Kreuzen Sie an.**

	richtig	falsch
1. Abed und Daya heiraten.	☐	☐

2. Was wollen ihre Freunde schenken?

a ☐ Geld.
b ☐ Einen Tisch.
c ☐ Ein Sofa.

	richtig	falsch
3. Ein Mann fragt nach dem Weg zum Einkaufszentrum.	☐	☐

4. Wo ist der Schuhladen?

a ☐ Im 2. Stock.
b ☐ Neben der Boutique.
c ☐ Gegenüber vom Optiker.

	richtig	falsch
5. Die Frauen sind Nachbarinnen.	☐	☐

6. Was wollen Ava und Feliz machen?

a ☐ Einen Flohmarkt organisieren.
b ☐ Dinge verkaufen.
c ☐ Kaffee trinken.

	richtig	falsch
7. Frau Cho und Herr Santos verkaufen Kaffeemaschinen.	☐	☐

8. Was soll Frau Cho machen?

a ☐ Die Kaffeemaschine zur Reparatur bringen.
b ☐ Die alte Kaffeemaschine im Geschäft umtauschen.
c ☐ Eine neue Kaffeemaschine kaufen.

2 Lesen Teil 1 (DTZ)

2.1 Was ist richtig? Lesen Sie. Kreuzen Sie an.

1. ☐ T-Shirts gibt es im 1. Stock.
2. ☐ Zahnpasta kann man im 1. Stock kaufen.
3. ☐ Kleidung finden Sie im 3. Stock.

Einkaufszentrum am Markt	
3. Stock	Elektrogeschäft – Café – Geschenke
2. Stock	Drogerie – Spielzeug – Bücher
1. Stock	Boutique – Blumen – Schuhe
EG	Lebensmittel – Toiletten

2.2 Was brauchen Sie? Wo können Sie es kaufen? Lesen Sie den Plan in 2.1. Kreuzen Sie an.

1. Sie möchten Zahnpasta kaufen.

a ☐ Erdgeschoss
b ☐ 2. Stock
c ☐ anderer Stock

2. Sie möchten Milch kaufen.

a ☐ 2. Stock
b ☐ 3. Stock
c ☐ anderer Stock

2.3 Bereit? Lesen Sie die Tipps.
Lösen Sie die Prüfungsaufgabe.

Lesen Sie die Situation genau. Was suchen Sie?
Lesen Sie die Aufgaben und Antwortmöglichkeiten.
Prüfen Sie, ob Sie die Dinge in diesen Stockwerken finden.
Wenn *a* oder *b* nicht passen, kreuzen Sie *c* „anderer Stock“ an.

Und jetzt wie in der Prüfung!

2.4 Sie sind im Einkaufszentrum. Wohin müssen Sie gehen? Lesen Sie. Kreuzen Sie an.

1. Sie möchten einen Ring kaufen.

a ☐ 1. Stock
b ☐ 3. Stock
c ☐ anderer Stock

2. Sie sind krank und brauchen Tabletten.

a ☐ 2. Stock
b ☐ 3. Stock
c ☐ anderer Stock

3. Sie möchten Tee trinken.

a ☐ Erdgeschoss
b ☐ 4. Stock
c ☐ anderer Stock

4. Sie möchten einen Teddy kaufen.

a ☐ 2. Stock
b ☐ 3. Stock
c ☐ anderer Stock

5. Ihre Brille ist kaputt.

a ☐ Erdgeschoss
b ☐ 4. Stock
c ☐ anderer Stock

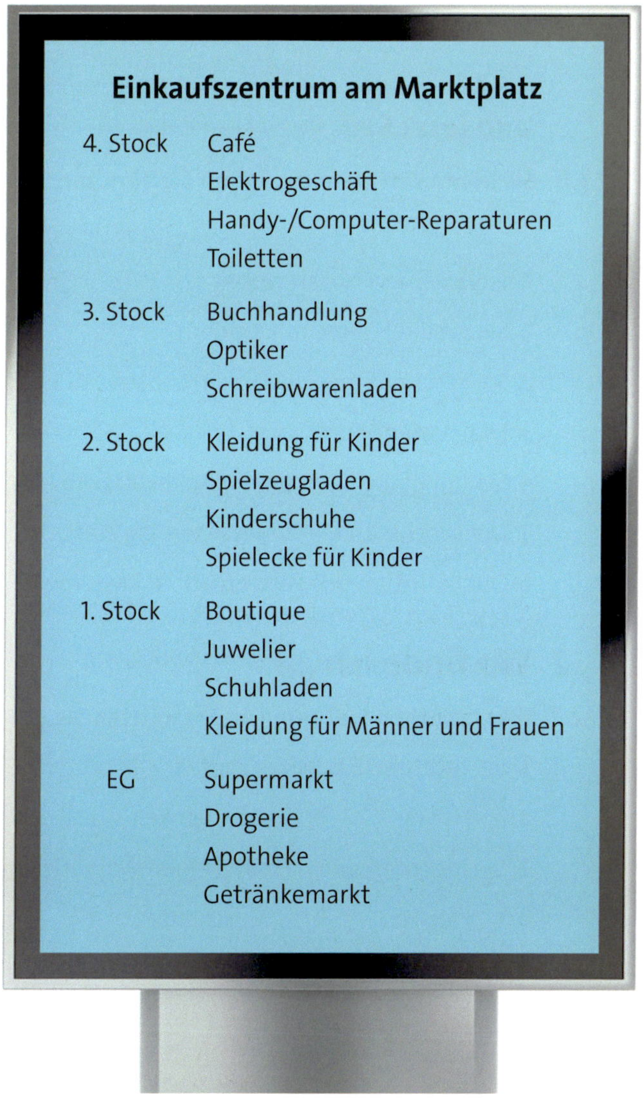

Training: Hören und Lesen

1 Wir organisieren einen Flohmarkt.

1.1 Welche Informationen sind wichtig? Lesen Sie. Markieren Sie.

	ja	nein
1. Herr Sander organisiert einmal pro Jahr einen Flohmarkt.	☐	☐
2. Man kann auch Spielzeug kaufen.	☐	☐
3. Frau Adamek braucht Möbel.	☐	☐

1.2 Wie kann man es noch sagen? Was passt? Kreuzen Sie an.

1. einmal pro Woche — a ☐ jeden Tag — b ☐ jeden Sonntag
2. Spielzeug — a ☐ Brettspiele und Bauklötze — b ☐ Handys und Stifte
3. Möbel — a ☐ Geschirr und Besteck — b ☐ Tische und Stühle

2.13 **1.3 Stimmt das? Ja oder nein? Hören Sie. Kreuzen Sie in 1.1 an.**

2.13 **1.4 Hören Sie noch einmal. Kontrollieren Sie.**

1.5 Alles klar? Lesen Sie die Tipps. Lösen Sie die Aufgabe 1.6.

Lesen Sie zuerst die Aufgaben. Was ist wichtig? Markieren Sie.
Hören Sie dann. Achten Sie auf Ihre Markierungen. Was hören Sie?
Ist die Aussage richtig oder falsch? Kreuzen Sie an.
Hören Sie noch einmal. Kontrollieren Sie.

Und jetzt Sie!

2.14 **1.6 Sie hören ein Interview. Hören Sie. Kreuzen Sie an. Sie hören den Text zweimal.**

	ja	nein
Beispiel: Ellaha Nazari wohnt seit 2018 in Offenbach.	☒	☐
1. Sie arbeitet gerne mit Kindern.	☐	☐
2. Sie verbringt ihre Freizeit am liebsten zu Hause.	☐	☐
3. Ellaha mag Sport.	☐	☐
4. Sie findet die Cafés am Wilhelmsplatz toll.	☐	☐
5. Der Wochenmarkt findet jeden Tag statt.	☐	☐
6. Der Eintritt in den Wetterpark ist kostenlos.	☐	☐

2 Wo finde ich ...?

2.1 Was brauchen Sie? Lesen Sie. Markieren Sie.

1. Sie möchten Bauklötze kaufen.

a ☐ Hobby — b ☐ Geschenke — c ☐ andere Internetseite

2. Sie möchten Ihrem Freund einen Wasserkocher schenken.

a ☐ Elektro — b ☐ Geschenke — c ☐ andere Internetseite

2.2 Wo finden Sie es? Lesen Sie. Kreuzen Sie in 2.1 an.

www.gut-gekauft.example.com

Hobby	Schreibwaren • Buchhandlung • Tickets
Küche	Geschirr • Besteck • Küchengeräte
Elektro	Computer • Reparaturen • Kameras
Geschenke	Spielzeug • Juwelier • internationale Spezialitäten

2.3 Alles klar? Lesen Sie die Tipps. Lösen Sie die Aufgabe 2.4.

Lesen Sie die Aufgaben. Was suchen Sie?
Wo finden Sie es? Prüfen Sie zuerst die Antwortmöglichkeiten *a* und *b*.
Wenn *a* und *b* nicht passen, kreuzen Sie *c* „andere Internetseite" an.

Und jetzt Sie!

2.4 Sie wollen online etwas kaufen. Auf welcher Internetseite finden Sie es? Lesen Sie. Kreuzen Sie an.

1. Sie brauchen neue Messer.
a ☐ Haus & Garten
b ☐ Wohnen
c ☐ andere Internetseite

2. Ihr Kühlschrank ist kaputt.
a ☐ Technik
b ☐ Wohnen
c ☐ andere Internetseite

3. Sie brauchen Fußballschuhe.
a ☐ Fit & Gesund
b ☐ Mode
c ☐ andere Internetseite

4. Sie möchten Gitarre spielen.
a ☐ Spiel & Spaß
b ☐ Technik
c ☐ andere Internetseite

5. Ihr Kind möchte ins Theater.
a ☐ Hobby & Freizeit
b ☐ Spiel & Spaß
c ☐ andere Internetseite

www.suche-und-finde.beispiel.de

Fit & Gesund	Drogerie • Apotheke • Fitnessgeräte • Fahrräder • Sportkleidung und Sportschuhe
Büro	Drucker • Computer • Büromöbel • Schreibwaren
Mode	Kleidung für Damen und Herren • Juwelier • Taschen
Spiel & Spaß	Spielzeuge für Kinder • Basteln und Malen • Computerspiele
Wohnen	Geschirr • Besteck • Töpfe • Spiegel • Wohnzimmermöbel
Haus & Garten	Blumen • Werkzeug • Küchengeräte • Garten- und Balkonmöbel
Hobby & Freizeit	Veranstaltungstickets • Zeitungen • Bücher • Musikinstrumente
Technik	Fernseher • Lautsprecher • Handys • Staubsauger • Radios

1 Unser neuer Kurs

A, 1.1
1. heißen – 2. ist – 3. kommen – 4. komme – 5. wohne – 6. machen – 7. arbeitet – 8. bin – 9. suche – 10. sprechen – 11. ist – 12. spreche – 13. lerne – 14. Haben – 15. spiele – 16. ist – 17. liebt

A, 1.2
Beispiel:
Ich heiße Azra Bajranović. Ich bin 36 Jahre alt. Ich komme aus Bosnien, aber ich wohne seit drei Jahren in Heidelberg. Ich arbeite als Köchin. Meine Erstsprache ist Serbo-Kroatisch, aber ich spreche auch ein bisschen Englisch und gut Deutsch. Ich lese gerne oder gehe mit Freunden essen.

A, 1.4
1. a – 2. c – 3. b – 4. d

A, 2.1
Beispiel:
Wo triffst du deine Freunde? Wann machst du gerne Sport? Wie lange spielst du Fußball? Mit wem gehst du ins Café? Wie oft gehst du ins Kino?

A, 2.2
Beispiel:
- Ich treffe auch gern meine Freunde. Was macht ihr oft?
- Wir gehen gern in die Bar und trinken ein Bier oder einen Wein. Manchmal gehen wir auch ins Kino.
- Wie schön!
- Und du? Wann triffst du deine Freunde?
- Ich treffe sie am Wochenende. Montag bis Freitag muss ich viel arbeiten ...

A, 2.3
Beispiel:
... aber wir treffen beide gern unsere Freunde. Anisha mag Kultur. Sie geht oft ins Theater. Ich gehe auch gern ins Theater, aber auch ins Kino. Das ist bei uns gleich.

B, 1.1
überrascht – genervt – nervös – neugierig – aufgeregt – glücklich – froh – ängstlich

B, 1.2
1. überrascht – 2. aufgeregt – 3. neugierig

B, 1.3
1. Max hat Fabian in Hamburg besucht. – 2. ... nicht so oft. – 3. Die Schwiegermutter von Abron ... – 4. ... morgen nach Paris. – 5. Mino ist mit seiner Frau umgezogen. – 6. ... singt sehr gut.

B, Wiederholung
1. gekommen – 2. gewartet – 3. gesucht – 4. gelesen – 5. angerufen – 6. gefunden – 7. aufgestanden – 8. gefahren – 9. gemacht

B, 2.1
1. Aanjay war am ersten Tag nervös. – 2. Sie hat vor der Tür gewartet. Sie ist zu früh angekommen. – 3. Aanjay hat viele Dinge gleich wieder vergessen und sie hat vieles nicht verstanden. – 4. Die Chefin war genervt. – 5. Sie war müde und unsicher. – 6. Ein Freund hat sie besucht und mit Aanjay gesprochen.

B, 2.2
ge ... t: gefragt – geantwortet – gesagt –
ge ... en: gekommen – gegangen – gefahren – geholfen – ... *ge ... t*: abgeholt – ... *ge ... en*: aufgestanden – angekommen –
... *t*: begrüßt – besucht – erklärt – erzählt –
... *en*: vergessen – verstanden –
!: gekannt – gewusst – mitgebracht

B, 2.3
1. ankommen – angekommen, mitbringen – mitgebracht
2. besuchen – besucht, erzählen – erzählt, verstehen – verstanden, verpassen – verpasst

B, 2.5
1. habe ... besucht – 2. habe ... gewusst – 3. hat ... erklärt – 4. habe ... verstanden – 5. habe ... vergessen – 6. hat ... begrüßt – 7. habe ... mitgebracht

B, 2.6
Beispiel:
Die Lehrerin hat uns alles erklärt. Sie hat die Aufgaben geschrieben und laut gelesen. Sie hat uns viel geholfen. Ich habe sie gut verstanden. Aber jetzt habe ich alles wieder vergessen.

B, 3
1. mit dem Bus – 2. sehr nervös – 3. ich verpasse den Bus – 4. 15 Minuten Verspätung – 5. pünktlich – 6. freundlich begrüßt – 7. der Unterricht

C, 1.1
1. Viertel – 2. Nachbarschaftshaus – 3. verschiedene – 4. Veranstaltungen– 5. Unterstützung

C, 1.2
1. sauber machen – 2. Unterstützung – 3. Rat – 4. offen – 5. Strom – 6. verschieden – 7. lösen – 8. beraten

C, 1.3
1. alle – 2. viele – 3. einige – 4. niemand

C, 1.4
1. Alle – 2. viele – 3. einige – 4. Viele – 5. einige – 6. niemand – 7. Alle

C, 1.5
1. Viele – 2. Viele – 3. Niemand hat – 4. Einige

C, 2.1
Bitte raucht nicht. – Bitte grillt nicht auf dem Balkon. – Bitte schließt die Tür. – Bitte hört nicht zu laut Musik. – Bitte esst nicht im Zimmer. – Bitte macht nach dem Kochen die Küche sauber. – Bitte putzt regelmäßig die Toilette und das Bad.

C, 2.2
Beispiel:
Bei uns muss man auch regelmäßig sauber machen. Man muss die Küche putzen. Man muss auch das Geschirr spülen und alles aufräumen.

C, 3
Man darf nicht am Computer essen. – Man muss leise telefonieren. – Man muss abends die Tische sauber machen. – Man muss das Licht ausmachen. – Man muss alle Türen schließen.

Richtig schreiben

1.1
ähnlich – glücklich – ruhig – weiblich – ängstlich – neugierig – richtig – langweilig – lustig – wichtig – höflich

1.2
Endung -lich: freundlich, ähnlich, glücklich, weiblich, ängstlich, höflich
Endung -ig: ruhig, neugierig, richtig, langweilig, lustig, wichtig

1.3
1. -ig – 2. -lich – 3. -ig – 4. -ig – 5. -ig – 6. -lich

2
Beispiel:
Meine Tochter ist zwei Jahre alt und sehr neugierig. Mein Vater ist glücklich, er ist gern Opa. So ist es nie langweilig für ihn. Alle in meiner Familie sind sehr lustig. Aber mein Bruder ist manchmal unhöflich.

Alles klar?

1
1. nervös – 2. neugierig – 3. genervt – 4. glücklich – 5. unsicher

2
1. gewusst – 2. begrüßt – 3. vergessen – 4. verstanden – 5. erklärt

3
1. Alle – willkommen – 2. offen – 3. Bitte – nicht erlaubt – 4. räumen ... auf – sauber – 5. machen ... – nach dem Kurs – ... aus

2 Arbeiten und lernen

A, 1
1. Krankenpfleger – 2. Krankenhaus – 3. Aufgaben – 4. Kontakt – 5. Medikamente – 6. Material – 7. Pläne – 8. Bauernhof – 9. Praktikant – 10. Ausbildung – 11. Dinge – 12. Ordnung

A, Wiederholung
2. kann – 3. müssen – 4. können – 5. Darf

A, 2.1
1. falsch – 2. richtig – 3. falsch – 4. falsch – 5. richtig

A, 2.2
können: konnte – konnte – konnten – *müssen*: musste – mussten – musstet – *dürfen*: durfte – durftest – durfte – durften – durften – *wollen*: wollte – wollte – wolltet – wollten

A, 2.3
2. Wolltest – 3. durfte – 4. mussten – 5. konnten – 6. Wolltet – 7. konnten

A, 2.4
2. Durftet – musste – 3. Musstest – 4. mussten – 5. durfte

A, 2.5
2. konnte – 3. wollte – 4. konnte – 5. mussten – 6. konntet – 7. konnte – 8. wollte

A, 2.6
1. Gruß – 2. Ohr – 3. kochen – 4. zu

A, 3
Beispiel:
Als Kind wollte ich Regisseurin werden.
Mit 16 durfte ich noch nicht Auto fahren.
Ich konnte gut Fahrrad fahren.
Ich wollte abends nie meine Zähne putzen und ins Bett gehen.

B, 1.1
1. h – 3. e – 4. b – 5. d – 6. g – 7. c – 8. f

B, 1.2
Beispiel:
beantwortet Fragen. Eine Bauzeichnerin ...
diskutiert mit Kollegen. Ein Ingenieur ...
baut Brücken. Eine Ärztin ...
notiert Informationen. Ein Kaufmann ...
berät Kundinnen. Eine Lageristin ...
transportiert Waren.

B, 1.3
1. Schreiner – 2. Kontakt – 3. Schulabschluss – 4. Mathematikkenntnisse – 5. rechnen – 6. bedienen – 7. zeichnen – 8. bauen – 9. beraten

B, 1.4
1. richtig – 2. falsch – 3. richtig – 4. richtig – 5. falsch

B, 2.1
1. Waren – 2. Fahrt – 3. Gebäude – 4. Fremdsprachenkenntnisse – 5. genau – 6. Verkehr – 7. ruhig – 8. mobil

B, 2.2
1. falsch – 2. richtig – 3. falsch – 4. richtig – 5. richtig – 6. falsch

B, 2.3
Beispiel:
Ich möchte als Architektin arbeiten. Man braucht einen Schulabschluss und gute Mathematikkenntnisse. Ich muss auch studieren. Aber ich denke, der Beruf passt gut zu mir, denn ich war in der Schule sehr gut in Mathe und ich plane und zeichne sehr gerne. Ich kann auch gut im Team arbeiten und Dinge organisieren.

B, 3.1
1. bist Hausmeisterin – 2. zu mir passen – 3. nicht so kreativ – 4. Technik – 5. Geräte repariert – 6. Dinge organisieren – 7. im Schichtdienst – 8. draußen

Lösungen

B, 3.2
Beispiel:
Liebe Farhia, ich finde, der Beruf Hausmeisterin passt nicht so gut zu dir. Dinge organisieren ist in meinem Beruf sehr wichtig. Ich bin als Hausmeisterin nicht so oft draußen. Meistens muss ich im Haus arbeiten und die Probleme von den Menschen im Haus lösen – ich denke, das ist für dich schnell langweilig!

C, 1
1. alles in Ordnung – 2. Ich habe das nicht gelernt – 3. Verstehst du etwas von – 4. Ich kann das – 5. das macht nichts

C, 2.1
1. Wasserkocher – 2. Werkzeuge – 3. Sicherheit – 4. Schritte – 5. Gerät – 6. Dauer – 7. Ermäßigung

C, 2.2
1. richtig – 2. falsch – 3. richtig – 4. falsch – 5. falsch

C, 2.3
1. Bestellung – 2. Rechnung – 3. Entschuldigung – 4. Beratung – 5. Fortbildung

C, 3.1
2. angenehm – 3. die Bezahlung – 4. die Fahrkarte – 5. die Gesundheit – 6. die Reparatur

C, 3.2
1. falsch – 2. c

Richtig schreiben

1.1 + 1.2
Sie wollen Brücken und Gebäude bauen? Sie können gut rechnen und genau zeichnen? Sie erledigen Ihre Aufgaben selbstständig? Dann machen Sie eine Ausbildung zum Bauzeichner.

2
Beispiel:
Der Beruf Gärtnerin passt gut zu mir, denn ich arbeite gerne allein. Als Gärtnerin kann man draußen sein und mit den Händen arbeiten.
Und: Ich liebe Blumen und Bäume. Bei der Arbeit draußen bin ich ruhig und es ist gesund.

Alles klar?

1.1
1. Ermäßigung – 2. Gerät – 3. mobil – 4. notwendig – 5. Fortbildung

1.2
1. erledigen – 2. beantworten – 3. rechnen – 4. transportieren – 5. beantworten

2
1. konnte – 2. Wolltet – mussten – 3. Durftest – wollte

3
1. e – 2. c – 3. d – 4. b – 5. a

1 Wichtige Wörter

1.1
1. begrüßen – 2. besuchen – 3. erklären – 4. lösen – 5. bauen – 6. bedienen – 7. beantworten – 8. zeichnen – 9. anmachen – 10. notieren – 11. bekommen – 12. machen – 13. anbieten – 14. erledigen – 15. diskutieren – 16. vorbereiten – 17. benutzen – 18. sauber machen

2
Beispiel:
Man kann genau zeichnen.
Ja, und man kann auch schön oder hässlich zeichnen.
Man kann in der Werkstatt einen Hammer benutzen.
Ja, und man kann zum Beispiel im Büro einen Computer und einen Desktop benutzen ...

1 Prüfungstraining

1.1
Beispiel:
Mein Name ist Vidushi Varma. Ich bin in Delhi, in Indien, geboren. Jetzt wohne ich in Berlin. Ich arbeite als Programmiererin. Ich bin geschieden und habe zwei Kinder, eine Tochter und einen Sohn. Ich spreche Hindi, Englisch, Deutsch und ein bisschen Spanisch.

1.3
Beispiel:
Mein Name ist in Indien typisch und beliebt. Mein Nachname „Varma“ bedeutet Schutz. Ich komme aus Delhi. Das ist eine sehr große Stadt in Indien. Dort leben 16 Millionen Menschen! In Berlin lebe ich schon seit vier Jahren, also seit 2019. Ich lebe in einer Wohnung in Charlottenburg. In Delhi habe ich Informatik studiert und seit vier Jahren arbeite ich als Programmiererin. Ich arbeite viel mit dem Computer. Meine Familie ist sehr groß. Meine Eltern und Großeltern wohnen in Delhi, aber mein Ex-Mann und meine Kinder leben auch in Berlin. In der Schule habe ich schon sehr früh Hindi und Englisch gelernt. In Deutschland habe ich dann viele Deutschkurse gemacht und jetzt spreche ich schon gut. Letztes Jahr habe ich dann einen Spanischkurs gemacht, denn ich mache gerne in Spanien Urlaub.

1.4
Beispiel:
Ich habe in Berlin in einem Sprachkurs Deutsch gelernt.
Mit meinen Kindern spreche ich meistens Hindi, aber auch Deutsch.
Ich bin schon seit vier Jahren in Deutschland.
Früher habe ich in Delhi, in Indien, gewohnt.

1.6

Beispiel:

Ich heiße Laurine Lambert. Ich komme aus Avignon, in Frankreich. Jetzt wohne ich in Zug, in der Schweiz. Ich habe eine Ausbildung zur Friseurin gemacht, aber jetzt bin ich zu Hause bei meinem Kind. Ich bin verheiratet und habe einen Sohn. Er ist 8 Monate alt. Meine Erstsprache ist Französisch, aber ich spreche auch Englisch und Deutsch.

Wie groß ist ihr Geburtsort? Avignon ist nicht so groß. Es hat nur 90.000 Einwohner.

Haben Sie einen Beruf gelernt? Welchen? Ja, ich habe eine Ausbildung als Friseurin gemacht.

Wo wohnt ihre Familie? Meine Familie wohnt auch bei mir in Zug, in der Schweiz.

Seit wann lernen Sie Deutsch? Ich habe 2013 einen Deutschkurs angefangen.

2.2

1. c – 2. x – 3. a

2.4

1. e – 2. d – 3. b – 4. x – 5. f

1 Training: Sprechen und Lesen

1.1

Beispiel:

Mein Name ist Biljana Kamenčić. Ich bin 73 Jahre alt. Ich komme aus Zavidovići, das ist eine Stadt in Bosnien und Herzegowina. Ich lebe seit 26 Jahren in Deutschland, zuerst in Kassel und jetzt in Darmstadt. Meine Erstsprache ist Serbo-Kroatisch, aber ich spreche auch Deutsch. Ich arbeite jetzt nicht mehr. Aber früher in Bosnien habe ich als Lehrerin für Deutsch an der Universität gearbeitet. In meiner Freizeit lese ich gern und mache Spaziergänge mit meinem Mann.

1.4

Beispiel:

1

- Was machst du gern in deiner Freizeit?
- Ich mache gerne Yoga, spiele Fußball und treffe meine Freunde.

2

- Wo wohnt deine Familie?
- Meine Eltern wohnen in Xingtai. Geschwister habe ich keine.

3

- Wohnst du allein?
- Ja, ich lebe in einer Wohnung in Köln. Sie ist sehr klein, aber schön.

4

- Was bist du von Beruf?
- Ich habe Mathematik studiert, aber jetzt arbeite ich als Journalist.

1.6

Beispiel:

Ich heiße Urs Krämer, bin 58 Jahre alt und komme aus der Schweiz. Heute lebe ich aber in Deutschland, in Aachen. Ich spreche Deutsch, Englisch und Französisch. Von Beruf bin ich Arzt. In meiner Freizeit höre ich Musik oder mache Spaziergänge in Parks.

Wie groß ist Ihr Land? Die Schweiz ist nicht sehr groß.

Wie heißen Ihre Eltern? Meine Eltern heißen Ludmilla und Viktor Krämer.

Welche Sprache sprechen Sie mit Freunden? Mit Freunden aus der Schweiz spreche ich immer Schweizerdeutsch, aber meine Freunde in Aachen verstehen das nicht.

Was brauchen Sie für Ihr Hobby? Ich brauche ein Radio, aber für die Spaziergänge brauche ich nur meine Beine.

1.7

Beispiel:

1

- Wo leben deine Eltern?
- Meine Eltern leben in Accra, in Ghana.

2

- Wann ist dein Deutschkurs?
- Mein Deutschkurs ist immer am Mittwoch und Freitag von 8:30 bis 10:00 Uhr.

3

- Welche Musik hörst du gerne?
- Ich mag sehr gerne Rock und Jazz.

4

- Wann hast du Geburtstag?
- Ich habe am 21. September Geburtstag. Dann mache ich eine große Party und lade dich ein.

2.1

1. Leute kennenlernen – 2. Job als Deutschlehrerin – 3. Kinderbetreuung

2.2

1. b – 2. x – 3. a

2.4

1. b – 2. x – 3. e – 4. a – 5. c

3 In der Freizeit

A, 1

1. Shoppen – 2. blogge – 3. basteln – 4. chatten

A, 2.1

1. Altenpflegerin – 2. Spätschicht – 3. am Morgen – 4. In meiner Freizeit – 5. In der Nähe – 6. jeden Morgen – 7. aktiv und fit – 8. stressig – 9. entspannen

A, 2.2

Beispiel:

In meiner Freizeit chatte ich nicht so gerne. Ich gehe lieber ohne mein Handy nach draußen und treffe meine Freunde. Wir besuchen zusammen Konzerte und kochen abends manchmal zusammen. Aber danach mache ich nicht so gern die Küche sauber. Das macht mir keinen Spaß.

A, 3.1
b

A, 3.2
1. richtig – 2. falsch – 3. richtig – 4. falsch – 5. richtig – 6. richtig

A, 3.3
Beispiel:
Ich bin Mitglied in einem Tanzverein, das ist Sport für den ganzen Körper. Im Verein treffe ich Freunde und wir können reden. Ich tanze sehr gerne.
Ich fühle mich frei und gesund. Ich lerne Menschen aus der ganzen Welt kennen. Das ist super interessant!

B, 1.1
1. Anfänger/-innen – 2. Spezialitäten – 3. Kultur – 4. Informationsabend – 5. Flohmarkt – 6. Konzert

B, 1.2
richtig: 2 – 5

B, Wiederholung
1. ich will fit sein. – 2. ich habe Geburtstag. – 3. ich muss lernen. – 4. ich male gern. – 5. ich sammle alte Bücher.

B, 2.1
1. ... weil ich die pakistanische Kultur kennenlernen möchte – 2. ... weil mein Freund aus Pakistan kommt – 3. ... weil die Texte so schön sind

B, 2.2
1. ... sie die pakistanische Kultur kennenlernen möchte.
2. ... weil ihr Freund aus Pakistan kommt.
3. ... weil die Texte so schön sind.

B, 2.3
2. Saira bleibt im Bett, weil sie Fieber und Kopfschmerzen hat. – 3. Amir räumt auf, weil seine Freunde ihn heute besuchen. – 4. Ayla geht heute nicht aus, weil sie lieber zu Hause malen will. – 5. Milad geht zur Apotheke, weil er seine Medikamente abholen möchte.

B, 2.4
Beispiel:
1. ... weil neue Kleidung teuer ist. – 2. ... weil ich dann entspannen kann. – 3. ... weil Chatten schneller ist. – 4. ... weil ich Angst im Verkehr habe. – 5. ... weil ich fit sein möchte.

B, 2.5
Beispiel:
1. Ich lerne Deutsch, weil ich meine Freunde verstehen möchte. – 2. Ich gehe oft aus, weil ich dann meine Freunde treffe. – 3. Ich möchte heute Abend ins Kino gehen, weil ich Filme liebe.

B, 3.1
1. Ich habe eine Idee – 2. das klingt gut – 3. ich habe keine Lust – 4. Ich habe einen anderen Vorschlag – 5. das ist auch eine gute Idee – 6. was denkst du

B, 3.2
Beispiel:
... das klingt gut. Hast du eine Idee?
... ein Buch ist doch langweilig.
Adil hört gerne Musik. Wir könnten einen neuen Kopfhörer für ihn kaufen. Was meinst du?

B, 3.3
Beispiel:
Ja, das ist eine tolle Idee! Was wollen wir machen?
Ich habe eine Idee. Wir können Musik hören, essen, trinken, tanzen und reden. Ganz entspannt.
Wir können Pizza für alle mitbringen.
Ich habe keine Lust, Pizza esse ich so oft. Ich habe einen anderen Vorschlag: Alle Gäste können etwas zu Essen und zu Trinken mitbringen. Wir fragen sie: Wer bringt was?
Das klingt gut! So müssen wir auch nicht diskutieren: Wer bezahlt die Pizza? ...

C, 1.1
1. lecker – 2. vegetarisch – 3. ausgebucht – 4. freundlich – 5. sauber – 6. günstig – 7. gemütlich

C, 1.2
1. Was kann ich für Sie tun? – 2. Ich möchte gern einen Tisch reservieren. – 3. Für wie viele Personen? – 4. Wann möchten Sie kommen? – 5. Haben Sie dann einen Tisch frei? – 6. Auf welchen Namen möchten Sie reservieren?

C, 1.3
1. drei Personen – 2. Am Freitag um 20 Uhr – 3. Busch

C, 1.4
kurz: Mittwoch – wann –
lang: Vokal + h: zehn – Uhr – sehr –
lang: ie: vier – die – reservieren – notieren

C, 2.1
2. der Teller – 3. das Glas – 4. die Serviette – 5. die Gabel – 6. das Messer

C, 2.2
1. Löffel – 2. Speisekarte – 3. Reservierung – 4. Vorspeise – 5. Hauptgerichte – 6. Nachtisch – 7. Trinkgeld

C, 2.3
1. b – 2. a – 3. a – 4. b

C, 2.4
1. b – 2. c

C, 2.5
1. Wir haben reserviert – 2. Was darf es sein – 3. Wir hätten gern – 4. als Vorspeise – 5. als Hauptgericht – 6. Hat es Ihnen geschmeckt? – 7. Möchten Sie einen Nachtisch – 8. Wir möchten gern zahlen – 9. Das macht – 10. Machen Sie – 11. Einen schönen Abend

Richtig schreiben

1
1. Restaurant – 2. Reservierung – 3. Spezialität – 4. Spaghetti – 5. Messer – 6. Serviette – 7. Nachtisch – 8. Trinkgeld

2

Beispiel:

Letzte Woche war ich mit zwei Freunden im Restaurant Balkangrill in Berlin. Wir haben Pita mit Kartoffeln, Käse und Salat gegessen und Bier getrunken. Nach dem Essen haben wir einen Kaffee getrunken. Das war sehr lecker!

Alles klar?

1.1

1. entspannen – 2. reservieren – 3. stattfinden – 4. chatten – 5. helfen

1.2

1. Löffel – 2. Speisekarte – 3. Trinkgeld – 4. ausgebucht – 5. reservieren

2

1. Ich bin glücklich, weil ich einen Job gefunden habe. – 2. Tim macht oft Sport, weil er fit sein möchte. – 3. Li fährt mit dem Fahrrad, weil der Bus nicht fährt. – 4. Wir kaufen etwas für Amir, weil er Geburtstag hat. – 5. Ich habe heute keine Zeit, weil ich arbeiten muss.

3

1. Was kann ich für Sie tun – 2. einen Tisch reservieren – 3. Für wie viele Personen – 4. einen Tisch frei – 5. Auf welchen Namen möchten Sie reservieren

4 Wohnen und Nachbarn

A, 1.1

1. Wohnzimmer – 2. Schlafzimmer – 3. Bad – 4. Dusche – 5. Küche – 6. Balkon

A, 1.2

1. groß – 2. teuer – 3. alt – 4. klein und dunkel – 5. laut

A, 1.3

1. Dreizimmerwohnung – 2. Monatsmiete – 3. Nebenkosten – 4. Quadratmeter – 5. Einbauküche

A, 1.4

900 € – 3 Zi. – 75 qm – 130 €

A, 2.1

1. dringend – 2. Zentrum – 3. außerhalb – 4. Neubau – 5. Stock – 6. Monatsmiete

A, 2.2

1

A, 2.3

1. einen Job gefunden hat – 2. Ihre Anzeige gelesen – 3. einen Termin ... vereinbaren – 4. die Wohnung ... besichtigen – 5. schicken wir mit – 6. andere Informationen – 7. In welchem Stockwerk – 8. Gibt es einen Aufzug

A, 3.1

Beispiel:

- Ich wohne im Zentrum von Lübeck. Ich habe eine schöne Altbauwohnung.
- Die Wohnung ist nicht besonders groß, aber sehr gemütlich. Sie ist im fünften Stock, aber es gibt einen Aufzug und einen Balkon.
- Ja, die Wohnung ist wirklich schön. Sie ist hell, zentral und nicht zu teuer.

A, 3.2

Beispiel:

Lieber Ritesh,
letzte Woche bin ich nach Mainz gezogen! Die Stadt ist wirklich schön und meine neue Wohnung gefällt mir sehr! Manchmal ist es ein bisschen heiß, weil die Wohnung ganz oben ist. Aber ich habe einen kleinen Balkon. Komm doch nach Mainz und besuch mich. Dann trinken wir eine Limonade auf meinem Balkon und ich zeige dir Mainz.
Liebe Grüße
Zeyneb

B, Wiederholung

1. in – 3. auf – 4. vor – 5. hinter – 6. über – 7. unter – 8. neben – 9. zwischen

B, 1

2. Die Lampe hängt an der Decke. – 3. Der Spiegel hängt über dem Sofa. – 4. Der Teppich liegt auf dem Fußboden. – 5. Der Sessel steht zwischen den Fenstern. – 6. Die Pflanze steht in der Ecke. – 7. Die Vorhänge hängen an den Fenstern. – 8. Die Blumen stehen auf dem Tisch.

B, 2.1

Beispiel:

- Der Papierkorb steht zwischen dem Regal und dem Tisch. Wo steht die Pflanze?
- Die Pflanze steht neben dem Tisch. Wo hängen die Lampen?
- Die Lampen hängen an der Decke. Wo steht der Laptop?
- Der Laptop steht auf dem Tisch. ...

B, 2.2

Die Stehlampe kommt links neben das Sofa. – Die Pflanze kommt in die Ecke. – Die Bücher kommen auf den Tisch. – Die Lampe kommt an die Decke. – Der Teppich kommt auf den Boden. – Der Sessel kommt vor das Fenster. – Die Vorhänge kommen ans Fenster. – Das Bild kommt über das Sofa.

B, 2.3

1. Wo? – 2. Wohin? – 3. Wo? – 4. Wo? – 5. Wohin?

B, 2.4

1. dem – 2. die – 3. im – 4. ans – 5. im – 6. den

B, 2.5

1. dem – 2. die – 3. am – 4. den – das – 5. im – 6. den

B, 2.6

1. vor dem – 2. ins – 3. im – 4. ins – 5. Neben der – 6. in den – 7. an die

B, 3

Die Bücher kommen in den Bücherschrank. – Die Stühle kommen an den Tisch. – Das Foto kommt an die Wand. – Der Teppich kommt auf den Fußboden. – Der Vorhang kommt ans Fenster. – Die Teller kommen in die Küche. – Die Blumen kommen in den Garten.

B, 4
Beispiel:
Die Pflanze kommt rechts in die Ecke. Das Sofa kommt an die Wand. Der Tisch kommt vor das Sofa. Die Lampe kommt an die Decke. Der Vorhang kommt ans Fenster.

C, 1.1
1. ... liegt auf dem Tisch. – 2. ... steht im Flur. – 3. ... hängt an der Wand. – 4. ... steckt in der Tasche.

C, 1.2
1. legen – 2. stellen – 3. hängen – 4. stecken

C, 1.3
1. stehen – 2. stellen – 3. legen – 4. liegt

C, 1.4
1. der – 2. die – 3. dem – 4. die – 5. den – 6. das – 7. der – 8. dem

C, 1.5
2. Die Pflanze steht auf dem Tisch. Stellen Sie die Pflanze bitte ans Fenster. – 3. Das Papier liegt neben dem Drucker. Legen Sie das Papier bitte in den Schrank. – 4. Der Brief steckt in der Tasche. Stecken Sie den Brief bitte in den Briefkasten.
5. Das Foto hängt am Schrank. Hängen Sie das Foto bitte an die Wand.

C, 2.1
b

C, 2.2
1. Warum haben Sie nicht Bescheid gesagt? – 2. Könnten Sie vielleicht – 3. Also, ich weiß nicht. – 4. Ich habe einen Vorschlag: – 5. In Ordnung.

C, 3
Beispiel:
... Bitte entschuldigen Sie! Ich habe das nicht gewusst. Ich habe einen Vorschlag: Ich wasche meine Wäsche am Wochenende. Ich komme leider immer erst spät von der Arbeit nach Hause, aber samstags habe ich frei. Sagen Sie mir Bescheid oder kommen Sie vorbei und wir reden.
Ihr Ayuzawa, H.

Richtig schreiben

1
1. EFH – 2. qm– 3. PLZ – 4. Str. – 5. EG

2
Beispiel:
Sehr geehrte Frau Bach,
ich habe Ihre Anzeige gelesen. Ich suche eine Wohnung in Mannheim, denn meine Freundin hat hier einen Job gefunden. Können wir einen Termin für eine Besichtigung vereinbaren? Geht nächste Woche für Sie? Unsere Bewerbung und andere Dokumente schicken wir mit. Brauchen Sie noch andere Informationen? Ich habe noch eine Frage: Hat die Wohnung einen Balkon?
Vielen Dank und mit freundlichen Grüßen
Anita Jozelić und Niamh Woodward

Alles klar?

1
1. (Fuß-)Boden – 2. Wand – 3. Vorhang – 4. Briefkasten – 5. Spiegel

2.1
1. stelle – 2. hängen – 3. lege – 4. steckt – 5. steht

2.2
1. der – die – 2. im – den – 3. ins – dem – 4. dem – den – 5. Im – den

3
1. b – 2. b – 3. b – 4. a – 5. a

2 Wichtige Wörter

1.1
2. die Hauptspeise – 3. der Nachtisch – 4. das Getränk – 6. der Löffel – 7. die Gabel – 8. das Messer – 9. der Teller – 10. das Glas – 11. die Serviette – 12. das Trinkgeld

1.2
Beispiel:
A
... Ich hätte gern die Tomatensuppe als Vorspeise und als Hauptspeise nehme ich die Pizza mit Schinken.
Gern. Und was möchten Sie trinken?
Ein Glas Wein, bitte.
Natürlich. Sehr gern.
B
Entschuldigung! Könnte ich bitte ein neues Glas bekommen? Mein Glas ist nicht sauber.
Oh, natürlich. Tut mir leid!
C
Hat es geschmeckt?
Ja, sehr gut. Danke. Könnte ich die Rechnung bekommen? Ich möchte zahlen.
Gern, das macht dann 23,60 Euro, bitte.
Machen Sie 25 Euro.
Vielen Dank. Einen schönen Abend.
Danke, Ihnen auch.

2.1
13. im Zentrum – 14. außerhalb – 16. die 3-Zimmer-Wohnung – 17. der Quadratmeter – 18. die Monatsmiete (MM) – 19. die Nebenkosten (NK) – 20. der Altbau – 21. der Neubau – 22. die Einbauküche (EBK) – 23. der Balkon – 24. der Garten

2.2
900 € – 300 € – 100 qm – 4 Zi. – EBK – Garten

2 Prüfungstraining

1.1
Vorschläge machen: Ich habe eine Idee:
Wir könnten ... – Ich kann ... Würdest du bitte ...? – Wollen wir ...? Was denkst du? – Also, wo/wann wollen wir ...?
reagieren: Ja, das ist eine sehr gute Idee. – Das klingt gut! – Hm, ich möchte lieber ... – Das finde ich (nicht) gut, weil ...

1.2

Beispiel:

Wann? Wollen wir am Samstagabend eine WG-Party machen? – *Essen?* Ich habe eine Idee: Wir könnten Chili kochen, das geht schnell und alle lieben mein Chili! – *Getränke?* Wir könnten Bier, Wein und Saft kaufen. – *Was brauchen Sie noch?* Ich finde, wir brauchen noch Musik. – *Wer macht was?* Ich kann das Chili kochen. Würdest du bitte Getränke kaufen?

1.3

Beispiel:

- Wollen wir am Samstagabend feiern? Da haben alle Zeit. Was denkst du?
- Ja, das klingt gut! Ich kann mein Chili kochen.
- Das finde ich sehr gut! Und dann kann ich die Getränke kaufen.
- Ja, das ist super! Würdest du bitte auch Musik organisieren?
- Das mache ich gern!

1.5

Beispiel:

- Wann wollen wir unser Nachbarschaftsfest feiern?
- Am Samstag? Was denkst du?
- Ja, das klingt gut! Und wo wollen wir feiern? Ich habe eine Idee: Wir könnten in den Stadtpark gehen. Am Wochenende ist das Wetter schön und sehr warm!
- Das finde ich sehr gut! Und dann können alle Getränke mitbringen.
- Hm, ich möchte lieber die Getränke kaufen, aber alle können etwas zu Essen mitbringen.
- Ja, das ist super! Ich kann Musik organisieren. Würdest du dann die Einladungen schreiben?
- Ja, klar, das mache ich.

2.1

Beispiel:

1. Ich habe Ihre Anzeige im Internet gelesen und möchte gern ein Praktikum in Ihrem Restaurant machen. – 2. Können wir nächste Woche einen Termin für ein Gespräch vereinbaren? – 3. Ich schicke meine Bewerbung mit. – 4. Wie sind die Arbeitszeiten? – 5. Sehr geehrte Frau Schröder; Mit freundlichen Grüßen

2.2

Beispiel:

Sehr geehrte Frau Schröder,
ich habe Ihre Anzeige im Internet gelesen und möchte gern ein Praktikum in Ihrem Restaurant machen. Können wir einen Termin für ein Gespräch vereinbaren? Ich habe immer am Vormittag Zeit. Geht es nächste Woche? Meine Bewerbung schicke ich mit. Ich habe noch eine Frage: Wie sind die Arbeitszeiten? Ich freue mich auf Ihre Antwort.
Mit freundlichen Grüßen
Laura Gorman

2.5

Beispiel:

Sehr geehrter Herr König,
ich habe Ihre Anzeige gelesen und finde das Angebot für die Wohnung sehr interessant. Ich möchte sie gerne besichtigen. Können wir einen Termin vereinbaren? Ich schicke Ihnen meine Bewerbung und das Formular mit. Ich habe noch eine Frage: Gibt es einen Balkon?
Vielen Dank.
Mit freundlichen Grüßen
Anouk Bonnet

2 Training: Sprechen und Schreiben

1.1 + 1.2

2. Das geht leider nicht, weil – 3. Geht es um 11 Uhr – 4. Nein, tut mir leid – 5. Da kann ich nicht, denn – 6. Passt das – 7. Ja, das geht

1.3

Beispiel:

- ... um 11 Uhr Zeit?
- Leider nicht. Ich bin mit Claudio beim Sport. Hast du um 12 Uhr Zeit?
- Nein, tut mir leid. Aber um 14 Uhr habe ich Zeit.
- Da kann ich nicht, denn von 13 bis 15 Uhr helfe ich Amira beim Umzug.
- Wir können auch um 16 Uhr gehen. Passt das?
- Ja, das geht. Super! Bis dann!

1.5

Beispiel:

- Wollen wir am Samstag zum Flohmarkt gehen? Hast du um 9 Uhr Zeit?
- Das geht leider nicht, weil ich eine Wohnung besichtige. Geht es um 11?
- Nein, tut mir leid, da schwimme ich mit Yusuf. Um 13 Uhr habe ich Zeit.
- Da kann ich nicht, denn ich muss mit meinem Opa einkaufen. Wir können auch um 15 Uhr gehen.
- Ja, das geht. Super! Bis dann!

2.1

1. Ich möchte meine Tochter beim Fußballverein anmelden. – 2. Meine Tochter ist 12 Jahre alt und hat schon zwei Jahre in einem Verein in Mannheim gespielt. – 3. Wie viel kostet der Mitgliedsbeitrag? – 3. Sehr geehrte Frau Hahn – 4. Mit freundlichen Grüßen/Viele Grüße

2.2

Beispiel:

Sehr geehrte Frau Hahn,
ich möchte meine Tochter beim Fußballverein anmelden. Meine Tochter ist 12 Jahre alt und hat schon zwei Jahre in einem Verein in Mannheim gespielt. Ich habe noch eine Frage: Wie viel kostet der Mitgliedsbeitrag?
Mit freundlichen Grüßen
Ezra Ordeñana

2.5

Beispiel:
Sehr geehrte Frau Esposito,
ich plane eine Betriebsfeier und möchte gerne in Ihrem Restaurant einen Tisch reservieren.
Haben Sie am 15.06. um 19 Uhr einen Tisch frei?
Wir sind 15 Personen. Geht das?
Vielen Dank und mit freundlichen Grüßen
Opoku Mensah

5 Mein neuer Job

A, 1.1

nicht wichtig: 2 – 4 – *wichtig:* 3 – 5 – *sehr wichtig:* 1 – 6

A, 1.2

1. c – 2. b – 3. a – 4. e – 5. d – 6. f – 7. g

A, Wiederholung

2. Ich bin nervös, weil ich morgen ein Vorstellungsgespräch habe. – 3. Ich möchte Teilzeit arbeiten, weil ich Kinder habe. – 4. Ich muss noch Waren bestellen, weil das Lager fast leer ist.

A, 2.1

2. Sie schnell arbeiten – 3. Sie Auto fahren können – 4. ich es schnell lerne – 5. Sie Vollzeit arbeiten

A, 2.2

Beispiel:
Ich denke, dass er den Termin vergessen hat. – Ich habe gehört, dass seine Tochter krank war. – Ich habe gehört, dass der Bus nicht gekommen ist. – Ich denke, dass er am Morgen nicht aufstehen wollte. – Ich denke, dass er keine Lust hatte. – Ich denke, dass seine Uhr kaputt war.

A, 2.3

2. denke, gut – 3. wichtig, Vollzeit – 4. hoffe, Arbeitszeiten

A, 2.4

1. weil – 2. dass – 3. dass

A, 2.5

1. Vorstellungsgespräch – 2. Vorbereitung – 3. überlegen – 4. rechtzeitig – 5. Begrüßung – 6. Geschichte – 7. schmutzig – 8. Jogginghose

A, 2.6

Sei zehn Minuten vor dem Termin da – Am besten sagst du „Sie". – Erzähl keine lange Geschichte. – Deine Kleidung darf nicht schmutzig sein und du solltest keine Jogginghose tragen.

A, 3

Beispiel:
- Danke, die Fahrt hat nicht lange gedauert und ich habe den Weg schnell gefunden.
- Ich finde Architektur und Technik sehr interessant.
- Ich arbeite sehr genau und kann gut rechnen und zeichnen.
- Ja. Wie hoch ist das Gehalt?
- Das ist ein gutes Gehalt.

B, 1

1. Arbeitgeber/-in – 2. Arbeitnehmer/-in – 3. Vollzeit – 4. Beginn – 5. unbefristet – 6. Probezeit – 7. wöchentlich – 8. Brutto-Gehalt

B, 2.1

1. die Rente – 2. die Steuern – 3. das Brutto-Gehalt – 4. das Netto-Gehalt

B, 2.2

1. b – 2. c – 3. a

B, 2.3

1. Sie richtig verstanden – 2. meinen Sie damit – 3. meinen – 4. das richtig

B, 3

1. Australien – 2. Frankreich – 3. Deutschland – 4. Japan – 5. Polen

C, 1.1

1. die Tastatur – 2. die Taste – 3. der Bildschirm – 4. die Maus – 5. der USB-Stick – 6. der Drucker

C, 1.2

1. einschalten – 2. löschen – 3. speichern – 4. (aus-)drucken – 5. klicken … an – 6. schließen – 7. ausschalten

C, 2.1

1. e – 2. c – 3. b – 4. d – 5. a

C, 2.2

1. Link – 2. Website – 3. App – 4. downloaden – 5. Screenshot

C, 3.1

1. en – en – 2. er – er – 3. ie – e – 4. as – es – 5. ie – e

C, 3.2

1. b– 2. d – 3. a/c – 4. a/c

C, 3.3

1. Dieser – 2. Diese – 3. dieses – 4. Diese

C, 3.4

1. Welche – diese – 2. Welchen – Diesen – 3. Welche – diese

C, 3.5

1. Welche – 2. diese – 3. diese – 4. diese – 5. Welchen – 6. Dieser – 7. diesen

C, 3.6

1. c – 2. b – 3. b – 4. a – 5. b – 6. c

C, 4

1. ich zeige es Ihnen – 2. das verstanden – 3. erkläre es Ihnen – 4. noch eine Frage

Richtig schreiben

1

1. kopieren – 2. einschalten – ausschalten – 3. anklicken – 4. löschen – 5. herunterladen

2

Beispiel:
Ich suche einen Job als Kellnerin. Das Gehalt ist nicht so wichtig, weil ich nur in Teilzeit arbeiten möchte. Ich kann nur am Abend arbeiten. Ich studiere noch an der Uni. Für mich ist wichtig, dass meine Kollegen nett sind.

Alles klar?

1

1. eine Taste – 2. drücke – 3. das Vorstellungsgespräch – 4. kopieren – 5. ausdrucken

2.1

1. dieser – diesen – 2. Welche – Diese

2.2

1. du den Job bekommst – 2. die Arbeit Spaß macht – 3. das Gehalt gut ist

3

1. ich Sie richtig verstanden – 2. meinen Sie damit – 3. meinen – 4. Sie noch eine Frage – 5. ich zeige es Ihnen. / erkläre es Ihnen.

6 Auf dem Weg zur Arbeit

A, 1.1

2. Lea fährt mit der U-Bahn. – 3. Ana fährt mit dem Taxi. – 4. Dan fährt mit dem Bus. – 5. Leon fährt mit dem Auto. – 6. Max fährt mit dem Fahrrad. – 7. Fatma fährt mit der Straßenbahn. – 8. Andrej geht zu Fuß.

A, 1.2

1. mit der Straßenbahn, zu Fuß – 2. mit dem Bus, mit der U-Bahn, mit dem Fahrrad – 3. mit dem Auto

A, 1.3

richtig: 2. – 4. – 6.

A, 1.4

1. Viele – 2. Hälfte – 3. Prozent – 4. Drittel – 5. circa – 6. einige

A, Wiederholung

dass: 1. dass viele weit zur Arbeit fahren müssen. – 2. dass Fahrradfahren gefährlich ist. – 3. dass die öffentlichen Verkehrsmittel praktisch sind.
weil: 1. es zu lange dauert. – 2. Ich nehme nicht gerne den Bus, weil er immer sehr voll ist. – 3. Ich fahre normalerweise mit dem Auto, weil ich flexibel sein möchte.

A, 2.1

1. Magesh – 2. Mirembe – 3. Magesh – 4. Magesh – 5. Mirembe

A, 2.2

2. Wenn man müde ist, macht man schnell Fehler. – 3. Wenn das Auto kaputt ist, muss es in die Werkstatt. – 4. Wenn man ein Jobticket kauft, zahlt man nicht so viel. – 5. Wenn ich pünktlich sein muss, fahre ich lieber mit dem Auto. – 6. Wenn ich das Auto nehme, kann ich alles leicht transportieren.

A, 2.3

2. ist ein Auto praktisch. – 3. darf man nicht fahren. – 4. muss man langsam fahren.

A, 2.4

Beispiel:
- trinke ich Kaffee auf meinem Balkon.
- repariere ich es.
- Wenn der Bus nicht kommt, fahre ich mit dem Fahrrad oder gehe zu Fuß.
- Wenn es regnet, bleibe ich zu Hause.

A, 2.7

2. das Wetter schön ist. – 3. ich Hilfe brauche. – 4. der Kühlschrank leer ist.

A, 3

Beispiel:
2. ... gehe ich in den Park. – 3. ... nehme ich das Auto. – 4. ... ich meine Familie besuche. – 5. ... es dunkel ist. – 6. ... ich nicht genug schlafe.

B, 1.1

1. die Autobahn – 2. der Stau – 3. die Kurve – 4. das Kreuz – 5. der Unfall – 6. die Ausfahrt – 7. die Umleitung – 8. die Baustelle

B, 1.2

1. eu – au – eu – 2. Au – Au – äu – au – au – 3. ei – ei – Au

B, 1.4

1. a – 2. b – 3. c

B, 2

1. b – 2. b – 3. a – 4. a

B, 3

1. Wirklich? – 2. Das kann doch nicht wahr sein! – 3. Ja, das stimmt. – 4. Klar, kein Problem.

C, 1.1

1. 3.10. – 2. 1.5. – 3. 31.12.

C, 1.2

Beispiel:
- Wann ist Neujahr?
- Am ersten Ersten.
- Wann ist Weihnachten?
- Vom fünfundzwanzigsten bis zum sechsundzwanzigsten Zwölften.
- Wann ist dein Geburtstag?
- Am fünfzehnten Siebten.

C, 1.3

1. Unterkunft – 2. buchen – 3. Doppelzimmer – 4. Halbpension – 5. abreisen – 6. Reiseziel

C, 1.4

Anreise: 05.03. – *Abreise*: 08.03. – *Gäste*: 2 – *Zimmer*: 1 – Doppelzimmer – mit Bad – 89 € – *Parkplatz*: ja – *nur Frühstück*: ja

C, 1.5

1. falsch – 2. falsch – 3. richtig – 4. richtig – 5. richtig – 6. falsch

C, 2.1

1. bestätigen – 2. Anreise – 3. Abreise – 4. Buchung – 5. kostenlos – 6. stornieren – 7. Gesamtpreis – 8. Besuch

C, 2.2

Abreise: 02.09. – Buchung: 2 Nächte – Gesamtpreis: 178 €

C, 2.3

1. Nein, das Frühstück kostet acht Euro. – 2. Man kann in der Straße vor dem Hotel gut parken.

C, 3.1

1. Auf dem Foto – 2. die Rezeption – 3. Der Mann rechts – 4. die Hotelgäste – 5. im Hotel übernachten – 6. ein Formular ausfüllen – 7. erklärt ihnen alles

C, 3.2
Beispiel A:
Auf dem Foto sehe ich drei Personen. Sie stehen an einer Hotelrezeption und reden. Der Mann und die Frau links arbeiten im Hotel. Der Mann rechts möchte vielleicht ein Zimmer im Hotel buchen. Die Frau an der Rezeption erklärt ihm alles. Ich kenne die Situation nicht so gut, weil ich immer ein Zimmer im Internet buche.
Beispiel B:
Auf dem Foto sind zwei Personen, ein Mann und eine Frau. Sie sind an der Rezeption in einer Unterkunft. Die Frau arbeitet dort und der Mann möchte ein Zimmer buchen. Ich denke, das Formular in seiner Hand ist die Buchungsbestätigung. Er zeigt sie der Frau. Die Situation kenne ich gut, aber ich habe meine Bestätigung immer auf dem Handy. Ich zeige dann der Person an der Rezeption mein Handy und kein Formular.

Richtig schreiben

1
1. ei – eu – 2. Au – Au – ei – au – 3. ei – au – ei – 4. eu – eu

2.1
1. vielen Dank für – 2. ein paar Fragen – 3. Bis wann – 4. Ab wann – 5. Ist es möglich, – 6. Wenn das geht,

2.2
Beispiel:
Sehr geehrte Damen und Herren,
vielen Dank für die Reservierung. Ich habe noch ein paar Fragen: Wie lange ist die Rezeption geöffnet? Ich hoffe, dass ich auch abends einchecken kann, denn ich komme erst sehr spät in Stralsund an. Kann ich auch ein eigenes Bad und ein Zimmer mit Balkon bekommen? Oder ist das jetzt nicht mehr möglich? Ab wann gibt es das Frühstück? Ist es möglich, dass ich schon um 6 Uhr frühstücke? Wenn ja, buche ich einmal Frühstück, bitte.
Vielen Dank und herzliche Grüße
Selma Bevilacqua

Alles klar?

1
1. Buchung – 2. abreisen – 3. stornieren – 4. Stau – 5. Umleitung

2
1. reserviere ich einen Parkplatz für Sie. –
2. müssen Sie den Gesamtpreis bezahlen. –
3. ist die Autobahn oft gesperrt. –
4. ist die Stornierung kostenlos. –
5. sage ich Ihnen Bescheid.

3
1. Bis wann kann ich stornieren –
2. Die Stornierung ist kostenlos –
3. zahlen Sie den Gesamtpreis –
4. ab wann gibt es morgens Frühstück / wie viel kostet das Frühstück –
5. wie viel kostet das Frühstück / ab wann gibt es morgens Frühstück

3 Wichtige Wörter

1.1 + 1.2
2. der Laptop – 3. der Bildschirm – 4. die Maus – 5. die Tastatur – 6. die Taste – 7. der USB-Stick – 8. der Drucker – 9. kopieren – 10. mailen – 11. anklicken – 12 speichern – 13. herunterladen – 14 löschen – 15 einschalten/ausschalten – 16. drucken

2.1
18. die Ausfahrt – 19. die Autobahn – 20. die Richtung – 21. der Stau – 22. die Baustelle – 23. die Kurve – 24. die Umleitung – 25. der Unfall – 26. die Tankstelle – 27. die Ampel – 28. der Parkplatz

2.3
25. Unfall – 19. Autobahn – 18. Ausfahrt – 24. Umleitung

3 Prüfungstraining

1.1
1. das Team von Haus Kramer an Herrn Bumbaru – 2. Stornierungsbestätigung von der Buchung von Herrn Bumbaru

1.2
falsch

1.3
c – nichts mehr tun

1.5
1. falsch – 2. a

2.2
Foto B

2.3
Auf dem Bild sieht man – Auf der linken/rechten Seite ... – Ich denke, das Thema ist ... – Ich kenne diese Situation gut/nicht. – In ... ist es ähnlich / ganz anders.

2.4
Beispiel:
A
Auf Foto A sieht man viele Menschen mit Kleidung für den Winter. Ich denke, sie warten auf den Bus oder die Bahn. Es regnet sehr stark. Im Regen auf den Bus warten finde ich nicht schön. Dann nehme ich lieber die U-Bahn. Hier in Berlin gibt es viele verschiedene öffentliche Verkehrsmittel. Aber ich komme aus Kolumbien. Meine Heimatstadt ist sehr klein und es gibt nur den Bus. Also muss ich dort immer im Regen warten.

2.7
Beispiel:
A:
Auf Foto A sieht man zwei Personen und eine Person hat Papiere oder Dokumente. Ich denke, die Person ist bei einem Vorstellungsgespräch. Ich glaube, sie ist ein bisschen nervös. Ich bin bei einem Vorstellungsgespräch immer nervös. In meiner Heimat, in Japan, muss man sich sehr formell kleiden. Man darf nicht in Jeans und T-Shirt zum Vorstellungsgespräch gehen. Man muss als Mann einen Anzug tragen und Frauen sollen Rock und Bluse tragen.
B:
Auf Foto B sieht man eine Person vor dem Laptop. Sie hat ein Dokument in der Hand. Auf dem Laptop sieht man eine andere Person. Ich denke, sie haben ein Bewerbungsgespräch online und sprechen über das Dokument. Ich kenne die Situation gut, denn ich hatte schon viele Bewerbungsgespräche online. Ich habe mich oft in anderen Ländern beworben und da ist die Reise für ein Gespräch in der Firma zu weit. Ich finde es toll, dass ein Bewerbungsgespräch online heute möglich ist.

3 Training: Lesen und Sprechen

1.2
1. c – 2. a – 3. b
1.4
1. c – 2. b – 3. c – 4. c – 5. c
2.1
Beispiel: 3. zwei bis drei Stunden –
4. Ja. Mindestens eine Stunde am Tag.
2.2
Beispiel:
Ich benutze mein Smartphone sehr viel. Mit meinen Freunden und Kollegen schreibe ich meistens nur Nachrichten. Aber mit meiner Familie telefoniere ich oft und lange, denn sie lebt weit weg. Manchmal telefonieren wir sogar zwei Stunden! Aber am meisten surfe ich im Internet. Insgesamt benutze ich mein Smartphone zwei bis drei Stunden am Tag.
2.5
Beispiel A:
Ich möchte gerne als Lehrer an einer Grundschule arbeiten. Das Gehalt ist nicht so schlecht und dieser Beruf ist sehr sicher. Die Schulen brauchen mehr Lehrer. Zum Glück muss man in der Schule nicht im Schichtdienst arbeiten. Das finde ich stressig! Man kann auch Teilzeit arbeiten. Das finde ich besser, denn man muss auch viel Unterricht zu Hause vorbereiten und planen.
Beispiel B:
Ich fahre meistens mit dem Bus und der Bahn zur Arbeit. Im Sommer nehme ich auch manchmal das Fahrrad. Aber nur, wenn die Sonne scheint und es warm ist. Mit dem Auto fahre ich nie, denn ich habe keinen Führerschein. Und ein Taxi ist zu teuer. In meiner Freizeit gehe ich meistens zu Fuß. Wenn ich eine Reise mache, fahre ich mit dem Zug oder fliege mit dem Flugzeug.

7 Gesund bleiben

A, 1.1
die Krankenkasse: der Beitrag – die Versicherung
die Behandlung: die Füllung – die Operation – die Salbe – die Tabletten
die Arztpraxis: der/die Arzthelfer/-in – die Krankschreibung – das Rezept – die Sprechstunde
die Krankheit: die Allergie – die Grippe – die Schmerzen
A, 1.2
1. Krankenkasse – 2. Patientenbogen – 3. Krankenversicherung – 4. schwanger – 5. Untersuchung
A, 2.1
richtig: 1. – 3.
A, 2.2
1. Alina da Costa – 2. Kurstraße 1 – 3. 53117 Bonn – 4. Dr. med. Sarah Khalil – 5. Lebensmittelallergie (Äpfel)
A, Wiederholung
2. Wann – 3. Wo – 4. Wie lange – 5. Welche
A, 2.3
2. welche Medikamente Sie nehmen – 3. Wissen Sie, warum die Erkältung nicht weggeht – 4. Mich interessiert noch, wie teuer der Test ist
A, 2.4
2. wann ich wieder zur Untersuchung kommen muss – 3. welche Medikamente die Krankenkasse zahlt – 4. welche Krankheiten Sie als Kind oft hatten?
A, 2.5
Beispiel:
1. ... ich die Datei speichern kann. – 2. Kannst du mir sagen, welche Dateien ich drucken soll? – 3. Könntest du mir erklären, was „downloaden" bedeutet? – 4. Kannst du mir zeigen, wo ich den Link zur Website finde? – 5. Ich muss wissen, welchen Knopf ich drücken muss. – 6. Weißt du, warum der Drucker nicht funktioniert?
A, 3.1
Beispiel:
... der Schuhschrank vor acht Jahren war?
Mich interessiert, warum du die Möbel verkaufst.
A, 3.2
Beispiel:
Der kostet 15 Euro.
Weißt du, wann man die Möbel abholen kann?
Abends ab 17 Uhr.
Kannst du mir sagen, wie hoch der Schuhschrank ist?
Er ist 1,30 m hoch.
Ich weiß nicht, wie alt der Spiegel ist.
Der Spiegel ist ein Jahr alt.

B, 1.1
2. wissen – 3. wissen – 4. weiß

B, 1.2
1. endlich – 2. Mittel – 3. Fitness – 4. Trainings – 5. Yoga – 6. versichert – 7. sparen – 8. Zahnreinigung – 9. geändert – 10. Internetseite

B, 1.3
1. a – 2. b – 3. b

B, 1.4
1. Er kann den Kurs vor Ort oder online machen. – 2. Man braucht eine Bestätigung vom Yogalehrer. – 3. Die Arzthelferin hat Fabios Zähne gereinigt.

B, 2.1
1. falsch – 2. falsch – 3. richtig – 4. richtig

B, 2.2
Mich interessiert, wann der nächste Kurs beginnt.
Können Sie mir sagen, wie lange ein Termin dauert?
Ich möchte gerne wissen, wie viel der Kurs kostet.

B, 3
1. b – 2. a – 3. b – 4. a – 5. c – 6. b

C, 1.1
1. oft müde und traurig – 2. nicht erklären – 3. Hilfe bekommen – 4. Behandlung – 5. endlich besser – 6. eine Krankheit – 7. zur Selbsthilfegruppe – 8. nicht alleine bin

C, 1.2
1. a – 2. c – 3. b

C, 1.3
1. Was ist los – 2. Soll ich dir helfen – 3. das ist nicht nötig, denn – 4. aber du hast auch wenig Zeit – 5. Das mache ich gern – 6. Gut, einverstanden

C, 1.4
Nein: Nein, danke, das ist nicht nötig – Das ist nett, danke, aber
Ja: Gut, einverstanden.

C, 2
Beispiel:
1.
Nein, danke, das geht schon.
Gern, vielen Dank.
2.
Das ist nett, danke, aber du hast auch wenig Zeit.
Gut, einverstanden.

Richtig schreiben

1.1
Geschenk – denke – dringend – Babykleidung – Anfang – lange – Schrank

1.2
1. ng, ng – 2. nk, nk – 3. ng, ng – 4. nk, nk – 5. ng, ng – 6. ng, ng

2
Beispiel:
... mein Kind bei der Krankenkasse anmelden.
Am 5.3.2023 ist meine Tochter geboren. Ich schicke Ihnen auch gleich die Geburtsurkunde mit. Brauchen Sie noch weitere Dokumente oder Informationen?
Mit freundlichen Grüßen
Šemsudin Mačak

Alles klar?

1
1. Füllung – 2. Patientenbogen – 3. Krankenkasse – 4. Operation – 5. versichert

2
2. wo die Kurse stattfinden. – 3. wie teuer die Behandlung ist? – 4. was die Krankenkasse zahlt? – 5. wie viel ich selbst zahlen muss. – 6. wo ich mich anmelden kann?

3
Beispiel:
mich für den Kurs Rückentraining anmelden.
Ich möchte vor Ort trainieren.
Wissen Sie, wie lange der Kurs dauert?
Können Sie mir sagen, wie viel der Kurs kostet?
Können Sie mir sagen, ob es eine Ermäßigung gibt?

8 Sicher am Arbeitsplatz

A, 1.1
1. ... im Supermarkt einkaufen. – 2. In der Pause laufen Amin und Ute im Park. – 3. In der Pause geht Ana zum Arzt. – 4. In der Pause geht Ivy ins Café, trinkt Kaffee und liest. – 5. In der Pause geht Ali mit seinem Hund spazieren.

A, 1.2
Beispiel:
In der Pause gehe ich mit meinen Kollegen und Kolleginnen essen oder ich trinke einen Kaffee. Manchmal mache ich auch Sport.

A, 2.1
1. freuen – 2. bewegen – 3. entspannen – 4. ärgern – 5. langweilen – 6. verabreden

A, 2.2
2. f – 3. e – 4. a – 5. g – 6. d – 7. b

A, 2.3
ich: mich – *du:* dich – *er:* sich – *sie:* sich – *wir:* uns – *ihr:* euch – *sie (Pl.):* sich

A, 2.4
1. mich – 2. uns – 3. dich – 4. sich – 5. euch – 6. sich

A, 2.5
Beispiel:
2. Er fühlt sich schlecht, denn er ist krank. – 3. Ihr langweilt euch, denn der Film ist nicht interessant. – 4. Ich ärgere mich, denn die Arbeit ist stressig. – 5. Sie entspannen sich, denn sie haben heute frei. – 6. Ihr müsst euch beeilen, denn ihr kommt zu spät!

A, 2.6
der Koch: Ach – *die Köchin:* Ich – *die Nacht:* Ach – *die Nächte:* Ich – *das Buch:* Ach – *die Bücher:* Ich – *der Bauch:* Ach – *die Bäuche:* Ich

A, 2.7
Wir suchen einen Sportkurs. Wir möchten uns ein bisschen mehr bewegen.
Ich mache mittwochs Yoga. So entspanne ich mich und danach fühle ich mich gut.

A, 3.1
1. meine Arbeit – 2. verlassen – 3. mein Arbeitsplatz – 4. Lehrerin – 5. In der Pause – 6. reduziert Stress – 7. Laptop ausschalten – 8. sammle Rezepte – 9. faulenze

A, 3.2
1. b – 2. x – 3. a – 4. c

B, 1.1
3.

B, 1.2
1. falsch – 2. richtig – 3. falsch – 4. richtig – 5. falsch – 6. falsch

B, Wiederholung
Beispiel:
Die Betriebsärztin hat gesagt, ich soll mich ausruhen. – Sie hat gesagt, man soll viel trinken. Wir sollen uns mehr bewegen. Ihr sollt regelmäßig Sport treiben.

B, 2.1
richtig: 2. – 4.

B, 2.2
ich sollte – *du* solltest – *er/es/sie* sollte – *wir* sollten – *ihr* solltet – *sie/Sie* sollten

B, 2.3
2. sollten – 3. solltest – 4. solltet – 5. sollte – 6. sollten

B, 2.4
2. Ihr solltet gemeinsam für den Test lernen – 3. Du solltest dich ausruhen. – 4. Sie sollten zum Betriebsarzt gehen. – 5. Du solltest regelmäßig zur Zahnreinigung gehen.

B, 2.5
1. ... zum Arzt gehen. – 2.Du kannst nicht schlafen? Du solltest Stress reduzieren. – 3. Du bist erkältet? Du solltest nach Hause gehen. – 4. Du hast Stress bei der Arbeit? Du solltest dich mehr ausruhen. – 5. Dein Fahrrad ist kaputt? Du solltest es reparieren.

B, 3
Beispiel:
Ich finde, du solltest mit deinen Mitbewohnern sprechen.
Ja, oder du solltest in der Bibliothek lernen. Da ist es immer ruhig.
Und: Du solltest vielleicht Kopfhörer tragen, wenn du lernst.

C, 1.1
1. c – 2. b – 3. b

C, 1.2
1. e – 2. c – 3. a

C, 2.1
1. verboten – 2. Notausgang – 3. Feuer – 4. Warnweste – 5. Hilfe – 6. Feuerlöscher – 7. Ohrenschutz – 8. weitergehen –
Lösungswort: Vorsicht

C, 2.2
1. Flughafen – 2. gefährlich – 3. Schilder – 4. Hilfe – 5. Achtung – 6. aufpassen – 7. verboten

C, 2.3
1. Stopp! Halt! – 2. Das ist verboten – 3. Hier müssen Sie aufpassen – 4. Sie müssen unbedingt einen Ohrenschutz tragen – 5. Hier finden Sie Hilfe

C, 2.4
3 – 1 – 2 – 4

C, 3
3 – 6 – 2 – 4 – 1 – 5

Richtig schreiben

1.1
1. ch – sch – ch – sch – ch – sch – ch – sch – ch
2. ch – ch – ch – ch – sch – ch – ch – sch – ch – ch – sch

2
Beispiel:. ... ein Hemd und kein T-Shirt tragen. Es ist wichtig, dass du nicht ängstlich bist. Du solltest vor dem Gespräch überlegen: Was fragt der Arbeitgeber? Und was willst du antworten? Du kannst auch mit Freunden üben.

Alles klar?

1
1. entspannen – 2. ärgern – 3. verabreden – 4. freuen – 5. beeilen

2.1
2. euch – 3. uns – 4. mich – 5. dich

2.2
1. mit dem Betriebsarzt sprechen. –
2. Ljuba sollte sich regelmäßig bewegen. –
3. Du solltest mehr Zeit mit Freunden verbringen.

3
Beispiel:
2. Hier ist der Notausgang. – 3. Vorsicht! Hier fahren Fahrradfahrer. – 4. Hier müssen Sie unbedingt Ihren Ohrenschutz tragen, denn es ist sehr laut. – 5. Hier darf man nicht sitzen. Das ist verboten! – 6. Waschen Sie sich bitte die Hände!

4 Wichtige Wörter

1.1
1. schwanger – 2. traurig – 3. verletzt – 4. Rückenschmerzen – 5. Allergie – 6. Zahnschmerzen – 7. Operation – 8. Untersuchung – 9. Medikamente – 10. Füllung – 11. Rückentraining – 12. Selbsthilfegruppe

1.2
Beispiel:
Ich glaube, der Mann auf Foto 2 ist sehr traurig.
Er sollte zur Selbsthilfegruppe gehen.
Vielleicht hat das Mädchen auf Foto 5 eine Allergie.
Dann sollte sie Medikamente nehmen ...

2.1

13. sich verabreden – 14. sich beeilen – 15. sich schlecht fühlen – 16. sich bewegen – 17. sich entspannen – 18. sich gut fühlen – 19. sich langweilen – 20. sich freuen – 21. sich ärgern

2.3

Beispiel:

- Warum beeilt sich der Mann?
- Ich denke, er muss zur Arbeit.
- Ich glaube, er beeilt sich, weil er in den Urlaub fahren will.
- Warum entspannt sich der Mann?
- Ich glaube, er ist im Urlaub.
- Ich denke, er muss sich entspannen, weil er zu viel Stress hatte.

2.4

Beispiel:

- Ich ärgere mich, wenn ich viel Stress habe. Wann fühlst du dich gut?
- Ich fühle mich gut, wenn ich lange schlafen kann. Wann fühlst du dich schlecht?
- Ich fühle mich schlecht, wenn ich krank bin. ...

4 Prüfungstraining

1.1

finden ... Gesundheitskarte nicht mehr – Informieren ... Krankenkasse – beantragen ... neue Karte – kostenlos – dauert ... 14 Tage – Arzttermin ... Karte ... noch nicht da? – Dokument ... Bestätigung – Zeigen ... Anmeldung in der Arztpraxis

1.2 + 1.3

1. falsch – *Textstelle*: Informieren Sie unbedingt Ihre Krankenkasse und beantragen Sie dort eine neue Karte. – 2. richtig – *Textstelle:* Die neue Gesundheitskarte bekommen Sie kostenlos. – 3. falsch – *Textstelle:* Sie haben einen Arzttermin, aber die neue Karte ist noch nicht da? Das ist kein Problem.

1.5

1. falsch – 2. richtig – 3. richtig

2.1

1.

2.2

a. weniger Platz – Ausstattung ... nicht so gut
b. weniger als 8 Stunden pro Tag
c. Kontakt mit Kolleginnen und Kollegen
d. private Dinge erledigen
f. gutes Internet

2.3

1. a – 2. d – 3. f

2.5

1. e – 2. a – 3. d

4 Training: Lesen und Schreiben

1.1

2.

1.2

a Arzt – b Bonn – c kaufen Babykleidung

1.3

c

1.5

1. c – 2. b – 3. c

2.2

1. Perovic, Elen – 2. Bled – 3. Elbstraße 17 – 4. 95028 Hof – 5. Ibotan-Tabletten

2.4

1. Kochstraße 11 – 2. 10997 Berlin – 3. Tarko Bank – 4. Fit mit Bauchtraining – 5. zweimal pro Woche

9 Große und kleine Dinge

A, 1.1

Beispiel:

2. Man kann zwei Töpfe kaufen. Ein Topf ist rot und groß und ein Topf ist klein und grau. – 3. Es gibt Teller. Man kann fünf Teller kaufen. – 4. Es gibt auch eine Vase und drei Dosen. Man kann sie kaufen – 5. Man kann ein Radio und eine Kanne kaufen. – 6. Man kann auch zwei Tassen kaufen. – 7. Man kann auch zwei Schüsseln kaufen. Eine Schüssel ist klein und eine groß. – 8. Und man kann auch eine Pfanne kaufen.

A, 1.2

b

A, 1.3

1. Elsa möchte die Kleidung verkaufen, weil sie nicht mehr passt. – 2. Samira hat Geschirr und Besteck für den Flohmarkt. – 3. Samira möchte Geschirr verkaufen, weil sie zu viel hat. – 4. Elsa und Samira müssen Frau Arabuli bis Mittwoch informieren. – 5. Sie müssen acht Euro bezahlen und einen Kuchen mitbringen.

A, 2.1

5. a – 7. b – 4. c – 2. d

A, 2.2

2. alte – 3. kleine – 4. roten

A, 2.3

2. en – 3. e – 4. e – x – 5. en – 6. e – x – 7. e – x – 8. e

A, 2.4

Beispiel:

- Mir gefällt das bunte Geschirr. Es ist lustig. Wie viel kostet es?
- Das bunte Geschirr kostet acht Euro.
- Wie viel kostet der große Tisch? Er ist sehr schön.
- Der große Tisch kostet 50 Euro. Aber der kleine Tisch ist nicht so teuer. Er kostet nur 30 Euro.

A, 2.5

- diese – kleine – weiße – Vase
- eine – schöne – Vase – kaufe

A, 3

1. Schau mal hier – 2. Ja, die ist praktisch. – 3. Ich kann aber fragen. – 4. Oh, das ist sehr teuer. – 5. Das ist zu wenig. – 6. In Ordnung.

B, 1.1

1. Mann – wahr – leid – toll – 2. sorry – Problem – nichts – peinlich – gut – schlimm

B, 1.2
1.

B, 2
1. tut mir sehr leid – 2. Lieblingstasse – 3. Ich habe nicht aufgepasst – 4. es ist mir wirklich peinlich – 5. dass das passieren kann – 6. die neue Tasse

B, Wiederholung
1. Wie teuer ist der Drucker? – 2. Kaufst du den Lautsprecher? – 3. Wie findest du den Fernseher? – 4. Wie gefällt dir der Computer? – 5. Wir nehmen den Wasserkocher.

B, 3.1
b

B, 3.2
1. den modernen Staubsauger – 2. der graue Fernseher – 3. den kleinen Computer – 4. der große Drucker

B, 3.3
1. großen runden – 2. weiße – 3. eckige – 4. großen

B, 3.4
Beispiel:
2. Die kleinen Lautsprecher sind praktisch, aber die großen Lautsprecher sind besser. Ich kaufe die großen Lautsprecher. – 3. Die eckige Uhr ist schön, aber die runde Uhr gefällt mir besser. Ich kaufe sie. – 4. Ich kaufe die schwarzen Kopfhörer. Die grauen Kopfhörer sind zu teuer.

B, 3.5
Beispiel:
Wie gefällt dir der rote Rock?
Mir gefällt der Rock ganz gut. Aber das grüne Kleid gefällt mir besser.
Und wie gefällt dir das bunte T-Shirt?
Das gefällt mir sehr gut. Wie findest du die gelben Schuhe?
Die finde ich sehr praktisch.

C, 1.1
2. Bilderbuch – 3. Eisenbahn – 4. Buntstifte – 5. Auto – 6. Skateboard – 7. Puppe – 8. Gitarre – 9. Teddy – 10. Ball – *Lösungswort:* Brettspiel

C, 1.2
2. Metall – 3. Glas – 4. Plastik – 5. Gummi – 6. Wolle – 7. Holz – 8. Stoff

C, 1.3
2. Holz – 3. Stoff – 4. Gummi – 5. Metall/Plastik – 6. Glas – 7. Metall – 8. Leder

C, 1.4
Beispiel:
... Holz. Mein Buch ist aus Papier. Meine Hose ist aus Stoff. Mein Besteck ist aus Metall. Meine Schuhe sind aus Gummi. Meine Jacke ist aus Leder.

C, 1.5
1. c – 2. a – 3. d

C, 1.6
Beispiel:
1. ... man mit der Familie oder mit Freunden zusammen ist und viel lacht.
2. ... sie oft zeigen, dass man die Person gut kennt.
3. ... lade ich alle meine Freunde ein und feiere eine Party mit Kuchen und Getränken.

C, 1.7
Beispiel:
Als mein Sohn Geburtstag hatte.
Und was hast du ihm gekauft?
Eine Puppe.
Warum eine Puppe?
Mein Sohn spielt gerne mit Puppen. Außerdem bekommt er bald eine kleine Schwester. Mit der Puppe kann er auch mal „Papa" sein.
Eine schöne Idee! ...

C, 2
richtig: 1 – 3 – 6

C, 3.1
2. die Hochzeit – 3. Silvester/Neujahr – 4. der Geburtstag – 5. der (Schul-)Abschluss

C, 3.2
Beispiel:
Ich habe gerne meinen Geburtstag gefeiert. Meine Mutter hat immer einen leckeren Kuchen gebacken!
Ich habe mit meiner Familie und guten Freunden gefeiert.
Die Feier war meistens bei mir zu Hause oder draußen im Park.
Wir haben Kuchen gegessen, gespielt, geredet, gesungen und viel gelacht.
Am schönsten für mich war, wenn meine ganze Familie da war.

Richtig schreiben

1
1. e – er – er – 2. er – e – 3. e – er – 4. e – e – er – 5. e – er – e – 6. e – er

2.1
Beispiel:
1. meine Hochzeit – 2. vor fünf Jahren in Sofia – 3. bis spät in die Nacht – 4. Freunde und Familie vom Paar – 5. tanzen, lachen, feiern

2.2
Beispiel:
Das Fest hat sehr lange gedauert – wir haben bis spät in die Nacht getanzt, gelacht und gefeiert. Die Gäste waren meine Familie und Freunde und natürlich auch die Familie und die Freunde von meiner Frau ...

Alles klar?

1.1
2. eckig – 3. alt

1.2
2. eine Schüssel aus Holz – 3. ein Ball aus Leder – 4. ein Brett aus Plastik – 5. ein Topf aus Metall

2
1. e – e – 2. en – e – 3. e – e – 4. e – en – 5. en – en

3
1. leid – Problem – 2. Entschuldigung – schlimm – 3. peinlich – passieren – 4. wahr – aufgepasst – 5. Fehler – nichts

10 Durch die Stadt

A, 1.1
1. der Anspitzer – 2. die Brille – 3. der Stift – 4. das Buch – 5. der Ring – 6. die Zahnpasta – 7. das Ladekabel – 8. das Shampoo

A, 1.2
die Tasche – das Kleid – das Heft – der Laptop – die Tastatur – der Schuh – die Bluse – der Fernseher – das Obst

A, 1.3
1. Buchhandlung – 2. Sportgeschäft – 3. Optiker – 4. Spielzeugladen – 5. Schuhladen – 6. Juwelier – 7. Boutique – 8. Elektrogeschäft
Lösung: Drogerie

A, 2.1
1. Buchhandlung – 2. Optiker – 3. Sportgeschäft – 4. Schreibwarenladen – 5. Drogerie

A, 2.2
sich entspannen – Geld sparen – eine Fremdsprache sprechen –
der Stift – der Stoff – einverstanden – stattfinden – eine Veranstaltung

A, 2.4
1. b – 2. a – 3. c – 4. c

A, 2.5
1. an ... vorbei – 2. gegenüber von

A, 2.6
1. neben – 2. zwischen – 3. gegenüber von – 4. an ... vorbei

A, 3.1
Beispiel:
Ja, Sie können beim Optiker eine Brille kaufen. Er ist neben dem Elektrogeschäft.
Natürlich. Die Toilette ist gegenüber vom Juwelier.

A, 3.2
Beispiel:
Dort kaufe ich auch Honig und Blumen, weil die Produkte aus der Region kommen. Ich kaufe nicht so gerne im Einkaufszentrum, weil es so groß ist und ich oft die Geschäfte nicht finde.

B, 1.1
1. c – 2. f – 3. d – 4. e – 5. a – 6. b – 7. g

B, 1.2
1. Meer – 2. Sehenswürdigkeiten – 3. Stadtführung – 4. Museen – 5. Schlossgarten –6. Leben

B, 2.1
Kieler Woche – Parks und Gärten

B, 2.2
richtig: 3. – 4.

B, Wiederholung
1. das Konzert anfängt – 2. wo in der Nähe ein Blumengeschäft ist – 3. wer am Wochenende mit ins Kino kommt – 4. wie lange das Museum geöffnet ist

B, 2.3
richtig: 3.

B, 2.4
1. er gerne liest? – 2. es in der Nähe von Alfies Wohnung eine Buchhandlung gibt? – 3. du Zeit hast.

B, 2.5
1. ob die U3 zum Hauptbahnhof fährt –
2. ob ich hier rauchen darf –
3. ob es in der Nähe einen Parkplatz gibt

B, 3.1
1. im Westen von Deutschland – 2. damals in der Stadt – 3. wir sind sehr aktiv – 4. Aktivitäten kostenlos – 5. im Wald Fahrrad fahren – 6. und viele Brücken – 7. sehr spannend – 8. führen neue Bewohner

B, 3.2
Beispiel:
...die Kinos hier groß und international sind. Könnten Sie mir sagen, wo man hier am besten übernachten kann? Wissen Sie, ob es schöne Cafés im Zentrum gibt? Mich interessiert, ob man in Schleußig auch an vielen Orten baden kann.

C, 1.1
1. erinnere – 2. traurig – 3. vermisst – 4. Verein – 5. Heimweh – 6. Spezialitäten – 7. erzähle

C, 1.2
Beispiel:
1. sehe ich alte Fotos an – 2. höre ich laut Musik und singe – 3. telefoniere ich mit ihnen

C, 1.3
über – gegenüber von ... – durch – an ... vorbei

C, 1.4
2. über die Straße – 3. durch das Tor – 4. über die Brücke

C, 1.5
3.

C, 1.6
Beispiel:
... nach rechts über die Brücke. Dann ist der Suppenkönig links.

C, 2.1
1. machen – 2. ansehen – 3. vermissen – 4. schicken – 5. gehen – 6. erzählen

C, 2.2
1. Francesco – 2. Laura – 3. Miri – 4. Laura – 5. Laura – 6. Miri

Richtig schreiben

1
St – St – sp –
sp – Sp – sp – Sp

2

Beispiel:

... habe ich heute Abend Zeit. Freunde treffen hilft mir immer gegen Heimweh! Wir können zusammen kochen, Spiele spielen und einen Film schauen. Du kannst auch bei mir übernachten – dann bist du nicht so alleine und traurig. Hast du Lust? Sag mir Bescheid!

Alles klar?

1

1. Schuhe – Schuhladen – 2. Brille – Optiker – 3. Zahnpasta – Drogerie – 4. Heft – Schreibwarenladen – 5. Ladekabel – Elektrogeschäft

2

1. Hunde in diesem Restaurant erlaubt sind – 2. der Eintritt kostenlos ist – 3. es hier eine Tankstelle gibt – 4. noch Plätze in dem A2-Kurs frei sind – 5. das Geschäft heute geöffnet ist

3

Können sie mir sagen – Gehen Sie – ist gegenüber vom – wissen Sie – gehen durch – gehen über

5 Wichtige Wörter

1.1

2. Plastik – 3. Holz – 4. Leder – 5. Metall – 6. Glas – 7. Stoff – 8. Wolle

1.3

Beispiel:

- Welchen Ball findest du besser: Den aus Plastik oder den aus Leder?
- Der aus Leder ist sehr schön, aber auch schwer. Der aus Plastik ist praktisch.
- Und welche Tasche findest du schön?
- Ich mag die Tasche aus Stoff, denn sie ist leicht. Aber die Tasche aus Leder ist auch sehr schön. Wie findest du die Schüsseln aus Metall?
- Die finde ich hässlich. Die aus Glas finde ich viel besser ...

2.1

9. die Drogerie – 10. der Schuhladen – 11. die Boutique – 12. das Elektrogeschäft – 13. der Spielzeugladen – 14. der Optiker – 15. der Juwelier – 16. der Supermarkt – 17. der Schreibwarenladen – 18. die Buchhandlung – 19. das Sportgeschäft – 20. der Blumenladen – 21. die Bäckerei – 22. der Friseur – 23. der Markt – 24. der Flohmarkt

2.3

Beispiel:

- ... einen Anspitzer?
- Wenn ich einen Anspitzer kaufen möchte, dann gehe ich in den Schreibwarenladen.
- Ich auch. Und manchmal gehe ich auch in den Supermarkt. Wenn ich eine Brille kaufen will, gehe ich zum Optiker.
- Ja. Und wenn ich Gemüse kaufen will, gehe ich zum Markt oder in den Gemüseladen.
- Genau. Oder in den Supermarkt ...

5 Prüfungstraining

1.1

Tarek – Sohn – Supermarkt

1.2

falsch

1.3

braucht Anna – Druckerpapier – Fußballschuhe – Schreibwaren

1.4

c

1.6

1. richtig – 2. b – 3. falsch – 4. b – 5. richtig – 6. b – 7. falsch – 8. c

2.1

1.

2.2

1. b – 2. c

2.4

1. a – 2. c – 3. b – 4. a – 5. c

5 Training: Hören und Lesen

1.1

1. Herr Sander – einmal pro Jahr – Flohmarkt – 2. Spielzeug kaufen – 3. Frau Adamek – Möbel

1.2

1. b – 2. a – 3. b

1.3

1. nein – 2. ja – 3. ja

1.6

1. ja – 2. nein – 3. ja – 4. nein – 5. nein – 6. ja

2.1

1. Bauklötze – 2. Wasserkocher

2.2

1. b – 2. c

2.4

1. b – 2. c – 3. a – 4. c – 5. a

Cover: Cornelsen/Rosendahl Berlin/Björn Schumann; **U2** (Badge Apple-Store): Apple Inc., IP & Licensing; (Badge Google App): Google Ireland ltd.; **S. 4:** Shutterstock.com/takayuki; **S. 5** (1): Shutterstock.com/Studio Romantic; (2): Shutterstock.com/Jacob Lund; (3): Shutterstock.com/Mangostar; (4): Shutterstock.com/Bencemor; **S. 6** (1): Shutterstock.com/Prostock-studio; (2): Shutterstock.com/fizkes; (3): Shutterstock.com/Ramann; **S. 7**: Shutterstock.com/MIA Studio; **S. 9**: Shutterstock.com/Mr.Exen; **S. 10**: Shutterstock.com/Jussi Suvela; **S. 11** (oben): Shutterstock.com/Pressmaster; (Mitte): Shutterstock.com/Monkey Business Images; (unten): Shutterstock.com/tanyaya; **S. 12**: Shutterstock.com/Rido; **S. 13**: Shutterstock.com/pics five; **S. 14:** Shutterstock.com/Ebtikar; **S. 15:** Shutterstock.com/Robert Kneschke; **S. 16:** Shutterstock.com/LightField Studios; **S. 18**: Shutterstock.com/Monkey Business Images; **S. 19** (Luis): Shutterstock.com/Makistock; (Federica): Shutterstock.com/OlgaLucky; **S. 21** (oben): Shutterstock.com/ALPA PROD; (unten): Shutterstock.com/Andrew Angelov; **S. 24** (1): Shutterstock.com/antoniodiaz; (2): Shutterstock.com/Dani Metaz; (3 + unten Mitte): Shutterstock.com/Pressmaster; (4): Shutterstock.com/Ground Picture; (5): Shutterstock.com/sculpies; (6): Shutterstock.com/guruXOX; (7): Shutterstock.com/Nattakorn_Maneerat; (8): Shutterstock.com/Toystory; (9): Shutterstock.com/The_Molostock; (Würfel): Shutterstock.com/art-sonik; (Spielfigur): Shutterstock.com/Jussi Suvela; **S. 25** (10): Shutterstock.com/Andrey_Popov; (11): Shutterstock.com/Mongkolchon Akesin; (12): Shutterstock.com/Dean Drobot; (13): Shutterstock.com/michaelheim; (14): Shutterstock.com/TunedIn by Westend61; (15): Shutterstock.com/OlgaLucky; (16): Shutterstock.com/Irina Torsunova; (17): Shutterstock.com/f.t.Photographer; (18): Shutterstock.com/LightField Studios; **S. 30**: Shutterstock.com/Robert Kneschke; **S. 33**: Shutterstock.com/GaudiLab; **S. 34** (Buch): Shutterstock.com/recebin; (Kopfhörer): Shutterstock.com/likekightcm; **S. 35**: Shutterstock.com; **S. 36** (Spiralblock): Shutterstock.com/Elena Pimukova; (rechts): Shutterstock.com/Monkey Business Images; **S. 37** (2.1–1): Shutterstock.com/Elena Gordeichik; (alles bis auf 2.1–1): Shutterstock.com; **S. 38** (oben): Shutterstock.com/fizkes; (unten): Shutterstock.com/fizkes; **S. 40** (links): Shutterstock.com/Prostock-studio; (rechts): Shutterstock.com/BearFotos; **S. 42**: Shutterstock.com/l i g h t p o e t; **S. 43** (unten): Shutterstock.com/Interior Design; **S. 44** (oben): Shutterstock.com/Vectorpocket; (unten): Shutterstock.com/Ljupco Smokovski; **S. 46**: Shutterstock.com/F.Schmidt; **S. 47**: Shutterstock.com/terekhov igor; **S. 48**: Shutterstock.com; **S. 50** (5): Shutterstock.com; (6): stock.adobe.com/BillionPhotos.com; (7): Shutterstock.com/Petro Artem; (8): stock.adobe.com/Anton; (9): Shutterstock.com/Arctic ice; (10): Shutterstock.com/Andrey Arkusha; (11): Shutterstock.com/19 STUDIO; (12): Shutterstock.com/Karuka; **S. 51** (13+14): Cornelsen/VDL/shutterstock.com/Intrepix/bsk1d; (15): Shutterstock.com/Patryk Kosmider; (16): Shutterstock.com; (17): stock.adobe.com/JARUKA; (18): stock.adobe.com/bluedesign; (19): stock.adobe.com/M. Schuppich; (20): stock.adobe.com/js-photo; (21): stock.adobe.com/Robert Kneschke; (22): Shutterstock.com/hanohiki; (23): Shutterstock.com/liyuhan; (24): stock.adobe.com/Andrea; **S. 52**: Shutterstock.com/Kindlena; **S. 58** (Person grün): stock.adobe.com/kite_rin; (Person blau): stock.adobe.com/Wayhome Studio; (Person braun): stock.adobe.com/Cookie Studio; **S. 61** (): stock.adobe.com/pressmaster; (1+2): stock.adobe.com/pressmaster; (3): stock.adobe.com/Brian Jackson; (4): stock.adobe.com/tashka2000; (5): stock.adobe.com/zasazana; (6): Shutterstock.com/FabrikaSimf; **S. 63**: Shutterstock.com; **S. 64**: stock.adobe.com/pavelgulea; **S. 66** (1.1–1): stock.adobe.com/Photographer Vitaliy Mateha, www.mateha.com/vitaliymateha; (1.1–2): stock.adobe.com/LIGHTFIELD STUDIOS; (1.1–3): stock.adobe.com/Andrey Popov; (1.1–4): Shutterstock.com/Branislav Nenin; (1.1–5): Shutterstock.com/antoniodiaz; (1.1–6): Shutterstock.com/FrimuFilms; (1.1–7): Shutterstock.com/pio3; (1.1–8): Shutterstock.com/Maridav; (1.2–1): Shutterstock.com/fizkes; (1.2–2): Shutterstock.com/Ground Picture; (1.2–3): Shutterstock.com/Mangostar; **S. 68** (rechts): Shutterstock.com/Michaelpuche; (links): Shutterstock.com/KreativKolors; **S. 70** (1): Shutterstock.com/Rudmer Zwerver; (2): Shutterstock.com/XXLPhoto; (3): Shutterstock.com/KPG-Payless2; (4): stock.adobe.com/frogmo9; (5): Shutterstock.com/Gorodenkoff; (6): Shutterstock.com/aldorado; (7): Shutterstock.com/nnattalli; (8): Shutterstock.com/ABCDstock; **S. 72**: stock.adobe.com/fottoo; **S. 73**: Shutterstock.com/Monkey Business Images; **S. 74** (A): Shutterstock.com/antoniodiaz; (B): Shutterstock.com/Tijana Simic; **S. 76** (1): stock.adobe.com/2ponzu; (2): stock.adobe.com/Valeriy Lebedev; (3): Shutterstock.com/Ioan Panaite; (4): Shutterstock.com/Rannev; (5): stock.adobe.com/2010 Werner Münzker, Himmelssturm; (6): Shutterstock.com/Duda Vasilii; (7): stock.adobe.com/gunnar3000; (8): Shutterstock.com/Sergey Peterman; **S.** 76 (9–11): Shutterstock.com; (12): stock.adobe.com/nazar12; (13): stock.adobe.com/Olga; (14): stock.adobe.com/Minh Do; (15): stock.adobe.com/Rahman Malikzada; (16): Shutterstock.com/iconohek; **S. 77** (17–23+26–27): Shutterstock.com; (24): Shutterstock.com/Jojoo64; (25): stock.adobe.com; (28): Shutterstock.com/BaLL LunLa; **S. 79** (2.1–A): stock.adobe.com/Aleksandra; (2.1–B): Shutterstock.com/Ronald Rampsch; (2.7–A): Shutterstock.com/Dean Drobot; (2.7–B): Shutterstock.com/Ground Picture; **S. 83**: Shutterstock.com/fizkes; **S. 84** (Mitte): Shutterstock.com/fizkes; (Praxisschild): Shutterstock.com/cherezoff; **S. 85** (Mitte): Shutterstock.com/Prostock-studio; (unten): Shutterstock.com/Semjonow Juri; **S. 86**: Shutterstock.com; **S. 88**: Shutterstock.com/fizkes; **S. 89** (1–a): Shutterstock.com/ungvar; (1–b): Shutterstock.com/i viewfinder; (1–c): Shutterstock.com/Maxx-Studio; (2–a): Shutterstock.com/Andrey_Popov; (2–b): Shutterstock.com/LDprod; (2–c): Shutterstock.com/Branislav Nenin; (3–a): Shutterstock.com/Ground Picture; (3–b): Shutterstock.com/Arsenii Palivoda; (3–c): Shutterstock.com/Beloborod; **S. 90**: Shutterstock.com/Kindlena; **S. 91**: Shutterstock.com/Kindlena; **S. 92** (1): Shutterstock.com/Robert Kneschke; (2): Shutterstock.com/Monkey Business Images; (3): Shutterstock.com/Africa Studio; (4): Shutterstock.com/Milan Ilic Photographer; (5): Shutterstock.com/Basar; **S. 94**: Shutterstock.com/Irelee; **S. 96** (1): Shutterstock.com/General photographer; (2): Shutterstock.com/amenic181; (3): Shutterstock.com/TommyStockProject; (4): Shutterstock.com/fizkes; (5): Shutterstock.com/Gaia Conventi; **S. 97**: Shutterstock.com/fizkes; **S. 98** (1,3,4,7): Shutterstock.com; (2): stock.adobe.com/Maxi_2015; (5): stock.adobe.com/Daniel Berkmann; (6): stock.adobe.com/T. Michel; (8): stock.adobe.com/Archer7; **S. 99** (oben): Shutterstock.com/Gorodenkoff; (Mitte): Shutterstock.com/1st footage; (unten links): Shutterstock.com/LDprod; (unten links Mitte): Shutterstock.com/Kzenon; (unten rechts Mitte): Shutterstock.com/Farknot Architect; (unten rechts): Shutterstock.com/Marian Fil; **S. 100** (oben links): Shutterstock.com; (oben 2.v.links): Shutterstock.com; (oben 3.v.links): Shutterstock.com; (oben 3.v.rechts): Shutterstock.com; (oben 2.v.rechts): Shutterstock.com; (oben rechts): Shutterstock.com; (Assane): Shutterstock.com/fizkes; (Ich-Ikon unten): Shutterstock/moloko_vector; **S. 101** (alles außer 2): Shutterstock.com; (2): stock.adobe.com/Maxi_2015; **S. 102** (1): Shutterstock.com/PeopleImages.com – Yuri A; (2): Shutterstock.com/Prostock-studio; (3): Shutterstock.com/Pressmaster; (4): Shutterstock.com/CHAjAMP; (5): Shutterstock.com/Kzenon; (6): stock.adobe.com/sebra; (7): Shutterstock.com/Roman Zaiets; (8): Shutterstock.com/nimito; (9): stock.adobe.com/studio.com (Olga Yastremska and Leonid Yastremskiy)/Africa Studio; (10): Shutterstock.com/memonic; (11): Shutterstock.com/Africa Studio; (12):

Shutterstock.com/Monkey Business Images; **S. 103** (13): Shutterstock.com/Zivica Kerkez; (14): Shutterstock.com/Dragon Images; (15): stock.adobe.com/wichayada; (16): Shutterstock.com/Ground Picture; (17): Shutterstock.com/Mila Supinskaya Glashchenko; (18): Shutterstock.com/Mangostar; (19): Shutterstock.com/MAYA LAB; (20): stock.adobe.com/Graphicroyalty; (21): Shutterstock.com/fizkes; **S. 107**: Shutterstock.com; **S. 108**: Cornelsen/Sylvia Wolf; **S. 109** (2.1–1): Shutterstock.com/mdbildes; (2.1–2): Shutterstock.com/FabrikaSimf; (2.1–3): stock.adobe.com/www.pelzinger.de/picoStudio; (2.1–4): Shutterstock.com/Jiri Hera; (2.1–5): Shutterstock.com/naskami; (2.1–6): Shutterstock.com/Alex Kolokythas Photography; (2.1–7+8): Shutterstock.com/New Africa; (Tisch mit bunter Tischdecke): Shutterstock.com/Axel Wolf; (Tisch mit weißer Tischdecke): Shutterstock.com/World_of_Textiles; (Tische ohne Decke): Shutterstock.com; (Schneidebretter): Shutterstock.com/Guiyuan Chen; (blaue Schüsseln): Shutterstock.com/Mikhail Akimov; (bunte Schüsseln): Shutterstock.com/Golf-Photo; **S. 110**: Shutterstock.com/Lysenko Andrii; **S. 111** (oben): Shutterstock.com/Pressmaster; (Mitte): Shutterstock.com/piksik; **S. 112** (a): Shutterstock.com/Ansis Klucis; (b): Shutterstock.com/Sergiy Kuzmin; (c): Shutterstock.com/Tatiana Popova; (3.4–1): stock.adobe.com/sombatkapan; (3.4–2): Shutterstock.com; (goldene Uhr): Shutterstock.com/Isolated Pro; (schwarze Uhr): Shutterstock.com/Smirnof; (3.4–4): Shutterstock.com/Vereshchagin Dmitry; (3.5–1): stock.adobe.com/Magdalena; (3.5–2): Shutterstock.com/AlexPhotoGo; (3.5–3): Shutterstock.com/everytime; (3.5–4): Shutterstock.com/VLADIMIR VK; (3.5–5): Shutterstock.com/Born_Rich_japan; (3.5–6): Shutterstock.com/Runrun2; (3.5–7): Shutterstock.com/xiaorui; (3.5–8): Shutterstock.com/Vlad Teodor; (3.5–9): Shutterstock.com/Africa Studio; (3.5–10): Shutterstock.com/ed2806; **S. 113** (1): Shutterstock.com/Nenov Brothers Images; (2): Shutterstock.com/Andrienko Anastasiya; (3): Shutterstock.com/koya979; (4): Shutterstock.com/sema srinouljan; (5): stock.adobe.com/freeman83; (6): Shutterstock.com/LuPol; (7): Shutterstock.com/Michael Kraus; (8): Shutterstock.com/alarich; (9): stock.adobe.com/www.foto-und-mehr.de/Jeanette Dietl; (10): Shutterstock.com/New Africa; **S. 114** (1.2–1): Shutterstock.com/Prozo; (1.2–2): Shutterstock.com/Dinga; (1.2–3): Shutterstock.com/sichkarenko.com; (1.2–4): Shutterstock.com/Olga_Koelsch; (1.2–5): Shutterstock.com/DmyTo; (1.2–6): Shutterstock.com/Pixel-Shot; (1.2–7): Shutterstock.com/Alex Ander; (1.2–8): Shutterstock.com/Anze Furlan; (1.3–1): Shutterstock.com/Gittta; (1.3–2): Shutterstock.com/Alfa Photostudio; (1.3–3): Shutterstock.com/bibakin; (1.3–4): Shutterstock.com/New Africa; (1.3–5): Shutterstock.com/Sergiy Kuzmin; (1.3–6): Shutterstock.com/CapturePB; (1.3–7): Shutterstock.com/shiva3d; (1.3–8): Shutterstock.com/Guzel Studio; **S. 115** (1): Shutterstock.com/Monkey Business Images; (2): Shutterstock.com/Ground Picture; (3): Shutterstock.com/maxbelchenko; (4): Shutterstock.com/G-Stock Studio; (5): Shutterstock.com/Lucky Business; **S. 117** (1): Shutterstock.com/Rodionova Marina; (2): Shutterstock.com/KITSANANAN; (3): Shutterstock.com/gualtiero boffi; (4): Shutterstock.com/Anton Starikov; (5): Shutterstock.com/helena0105; **S. 118** (1): stock.adobe.com/amnach; (2): Shutterstock.com/korkeng; (3): Shutterstock.com/Olga Popova; (4): Shutterstock.com/Random435; (5): Shutterstock.com/Art_girl; (6): Shutterstock.com/Leah-Anne Thompson; (7): Shutterstock.com/aperturesound; (8): Shutterstock.com/Kabardins photo; **S. 119** (1): Shutterstock.com/George Rudy; (2): Shutterstock.com/Sergey Ryzhov; (3): Shutterstock.com/Tyler Olson; (4): Shutterstock.com/Nomad_Soul; (5): Shutterstock.com/BearFotos; (6): Shutterstock.com/Serhii Bobyk; (7): Shutterstock.com/Marc Calleja; (8): Shutterstock.com/dotshock; **S. 120** (links): Shutterstock.com/Jimartinfotografo; (Mitte): Shutterstock.com/McLittle Stock; **S. 122**: stock.adobe.com/motorradcbr; **S. 123**: Shutterstock.com/pikselstock; **S. 124** (1): Shutterstock.com/Ruud Morijn Photographer; (2): Shutterstock.com/photomobilet; (3): Shutterstock.com/Prostock-studio; (4): Shutterstock.com/Rawpixel.com; **S. 125** (1): Shutterstock.com/michaelheim; (2): stock.adobe.com/alexey chigretskiy/Alex from the Rock; (3): stock.adobe.com/Studio Harmony; (4): stock.adobe.com/Ivanko/ivanko80; **S. 126** (Miri): stock.adobe.com/Werner Lerooy/Werner; (Francesco): stock.adobe.com/Anatoliy Karlyuk; (Laura): stock.adobe.com/Cookie Studio; (Pawel): stock.adobe.com/A Stock Studio; **S. 128** (1): Shutterstock.com/NatalyaBond; (2): Shutterstock.com/photka; (3): Shutterstock.com/AlexeyRyumin; (4): Shutterstock.com/Prozo; (5): Shutterstock.com/Golden Shrimp; (6): Shutterstock.com/sichkarenko.com; (7): Shutterstock.com/Evgeniya369; (8): Shutterstock.com/Ewa Studio; (Mitte): Cornelsen/Shutterstock.com/nito (Eisenbahn), Shutterstock.com/Igors Homenko (Holzeisenbahn), Shutterstock.com/Chachamp (Stofftasche), Shutterstock.com/Hugh Adams (Ledertasche), Shutterstock.com/keellla (Stoffpuppen), Shutterstock.com/Prachaya Roekdeethaweesab (Babypuppe), Shutterstock.com/Victor Moussa (Holzbrett), Shutterstock.com/Anton Starikov (Plastikbrett), Shutterstock.com/PHONGSAKON (Besteck Holz), Shutterstock.com/Anton Starikov (Besteck Plastik), Shutterstock.com/koosen (Besteck Metall), Shutterstock.com/urfin (Schüssel Glas), Shutterstock.com/Chilero Calidad (Schüssel Metall), Shutterstock.com/Evgeny Tomeev (Kanne Glas), Shutterstock.com/robert8 (Kanne Metall), Shutterstock.com/Andreas Kraus (Ball Leder), Shutterstock.com/Dakalova Iuliia (Ball Gummi), Shutterstock.com/Olga Popova (Tischdecke Plastik), Shutterstock.com/Ann Yuni (Tischdecke Stoff); **S. 129** (9): Shutterstock.com/Tyler Olson; (10): Shutterstock.com/fiphoto; (11): Shutterstock.com/zhu difeng; (12): Shutterstock.com/dotshock; (13): Shutterstock.com/Fascinadora; (14): Shutterstock.com/Terelyuk; (15): Shutterstock.com/Kwangmoozaa; (16): stock.adobe.com/pio3; (17): Shutterstock.com/Nomad_Soul; (18): Shutterstock.com/LStockStudio; (19): Shutterstock.com/Sergey Ryzhov; (20): Shutterstock.com/ALL best fitness is HERE; (22): Shutterstock.com/Prostock-studio; (23): Shutterstock.com/Carrastock; (23): Shutterstock.com/MLIN; (24): Shutterstock.com/cesar iannarella; **S. 131**: Shutterstock.com/ouh_desire

Treffpunkt

Deutsch als Zweitsprache für Alltag und Beruf

Übungsbuch A2.1

Im Auftrag des Verlages erarbeitet von: Kateřina Chrástová, Friederike Jin, Martina Schäfer und Matthias Scheliga
Interaktive Übungen zu „Alles klar?“: Kateřina Chrástová

In Zusammenarbeit mit der Redaktion: Jacolien de Vries, Lisa Krack und Anne Planz
Redaktionelle Mitarbeit: Kristina Hageneder, Lonnie Wegener
Redaktionsleitung: Andrea Mackensen

Umschlaggestaltung und Layoutkonzept: Rosendahl Berlin, Agentur für Markendesign
Umschlagfoto: Björn Schumann, Berlin
Technische Umsetzung: Straive, Indien, Klein & Halm Grafikdesign, Berlin
Illustrationen: Sylvia Wolf

www.cornelsen.de

1. Auflage, 1. Druck 2023

Alle Drucke dieser Auflage sind inhaltlich unverändert und können im Unterricht nebeneinander verwendet werden.

Druck: H. Heenemann, Berlin

ISBN: 978-3-06-121294-0
ISBN: 978-3-06-122572-8 (E-Book)

PEFC
PEFC/04-31-1156

PEFC zertifiziert
Dieses Produkt stammt aus nachhaltig bewirtschafteten Wäldern und kontrollierten Quellen.

www.pefc.de